LES BAGNES MILITAIRES

Par JACQUES DHUR

2f75
LE REPORTAGE COMPLET
ILLUSTRÉ

JACQUES DHUR

LES BAGNES MILITAIRES

Reportage complet sur Biribi

avec illustrations

PARIS

LIBRAIRIE POPULAIRE

9, RUE ANTOINE-CHANTIN (XIVᵉ)

—

1925

A MON PETIT-FILS,

QUAND IL SERA GRAND,

POUR QU'IL SE MONTRE HUMAIN,

Mai 1925.   J. Dɴ.

LES BAGNES MILITAIRES

I

MA DESCENTE AUX ENFERS

Les bagnes militaires ?... C'est moi qui, le premier, enquêtai dans ces enfers et jetai, vers les pouvoirs publics, un cri d'horreur et de pitié...

Et, aujourd'hui encore, j'ai la sensation poignante d'avoir vécu là, en quelques semaines, un des plus horribles cauchemars que l'imagination affolée puisse concevoir... J'avais parcouru le cycle des tortures les plus raffinées que des hommes puissent imposer à d'autres hommes. Et il m'est resté, de cette descente dans l'enfer des compagnies de discipline, des pénitenciers et des ateliers de travaux publics, l'impression douloureuse que les tortionnaires de l'Inquisition sont, parfois, égalés, en cruauté, par des civilisés, — par quelques Français portant l'uniforme. Car je le dis, hautement, beaucoup de gradés — officiers et sous-officiers — se montrent humains. Mais il suffit que, dans un bagne, se glissent, parmi le commandement, des brutes, — de ces « chaouchs », comme on les appelle, — pour que ce bagne soit un enfer.

Ce sont ces brutes qui, férocement, à des disciplinaires, à des êtres comme eux de chair et d'os et sensibles à la souffrance, infligent, inlassables Torquemadas, le supplice des fers, — de ces fers d'abjection dont l'effroyable étau tenaille et broie les poignets et les chevilles.

Combien en sont morts, de ces tortures, ou demeurés estropiés pour toujours !

Tenez !... A l'hôpital d'Aïn-el-Hadjar, il m'est arrivé de voir de près un de ces suppliciés. Et, à revivre cette vision atroce, j'ai encore comme le même frisson, d'alors, d'épouvante dans les os.

C'était un disciplinaire : un gringalet, tout menu, tout frêle, qui paraissait pour ainsi dire un gosse. Comme un paquet, on l'avait chargé sur un bourriquot, et apporté là, à peine une heure auparavant, d'un détachement en pleine brousse. Il était demeuré aux fers un temps très long, sans soins, presque sans nourriture.

Les chairs se boursouflaient, bleuies, au-dessus des poignets et des chevilles. Des raies jaunâtres, violâtres, noirâtres, faisaient comme de hideux bracelets de sang corrompu. Dans la face blême du malheureux, les yeux caves, agrandis par un double cerne, avaient un regard d'angoisse infinie. Des plis pinçaient les traits, comme des sillons de martyre.

Il n'avait plus la force de crier, de dire sa souffrance.

Penché sur lui, bien que sans espoir de le sauver, le médecin-chef, un brave homme, doucement, lui donnait ses soins !... Et tandis que, avec des précautions minutieuses, il pansait ces ecchymoses de meurtre lent, d'assassinat raffiné, un sifflement pénible filtrait entre les dents contractées. Puis, de temps à autre, une sorte de gémissement sourd, venant du fond intime de l'être, raclait la gorge... J'avais entendu déjà cette plainte déchirante, ce râle de la fin, chez de petits enfants atteints du croup.

Et, devant cet être jeune qui, à bout de torture, allait mourir, sa vieille expérience de praticien, qui en avait vu bien d'autres, ne suffisait pas, cette fois, à garder le médecin militaire d'un mouvement de pitié.

— De telles barbaries !... non... c'est épouvantable ! me fit-il. On oublie trop que ces malheureux ont une mère... un père... une sœur, quelqu'un qu'ils aiment... et qui les chérit.

— Et puis, quoi !... qu'ont-ils fait, à vrai dire, pour la plupart ? appuyai-je.

— Peu de chose, bien souvent... Ce ne sont pas, forcément, des crapules... même parmi les condamnés pour des délits de droit commun... Et il y a tous ceux qui n'ont commis que des délits militaires... souvent de simples fautes contre la discipline... Evidemment, dans le nombre, il y a de fortes têtes... Mais il ne s'agit pas de les casser... mieux vaut les raisonner.

Puis, comme après une hésitation, brusquement, la voix sourde :

— Si je vous disais qu'il m'est arrivé de me demander, quand, ici, on m'apporte un disciplinaire après des mois de cellule et la mise aux fers, et dont la férocité des gradés a fait une pauvre et douloureuse loque humaine, si je ne ferais pas mieux de le laisser mourir...

Oui, ce médecin en était venu à chercher quel était son devoir : ou d'abandonner le moribond à son destin, et ne pas l'empêcher de trouver la paix et l'oubli dans la mort ; ou, au contraire, de lui donner de nouvelles forces, une nouvelle vie, le vouant ainsi à de nouvelles souffrances !...

Et cet aveu ne m'apparut pas monstrueux, au chevet de ce supplicié qui, celui-là, achevait à jamais de souffrir...

*
* *

Ces barbaries sont de tous les jours, — d'aujourd'hui comme d'hier.

C'est que, dans un pénitencier, les cris de douleur, les clameurs de détresse se perdent comme dans le vide. Et puis, alentour, on ne les entend plus : il y en a eu trop...

Et, demain, les mêmes barbaries recommenceront. Car ce n'est pas — comme on s'est plu à le dire, un peu partout, dans la presse — la réforme annoncée par le ministre de la Guerre, M. le général Nollet, qui marquera la fin de ces bagnes militaires qui sont une offense à la civilisation, un outrage à l'humanité.

Au lieu d'être de l'autre côté de la Méditerranée, ils seront désormais, de ce côté-ci, et voilà tout !... Seul, le cadre aura changé. Bien vite, ici comme là-bas, ce seront les mêmes abus révoltants. A preuve, ce qui se passe dans les sections spéciales qui, celles-là, sont dans la Métropole, — les sections spéciales de discipline des Bataillons d'Afrique et de la Légion étrangère.

Si l'on voulait vraiment l'abolition des bagnes militaires, il fallait supprimer les pourvoyeurs de ces enfers, — il fallait supprimer, en temps de paix, les conseils de guerre.

II

CONVOYÉS EN BESTIAUX

Deux fois par an, au départ de chacun des contingents de la classe, un flot d'écume, venu des boulevards extérieurs, bat les abords de la gare de Lyon. On fait escorte aux « joyeux ». Condamnés de droit commun, — souteneurs, apaches et autres malandrins, — ils partent parmi les acclamations délirantes des « aminches » et les adieux passionnés des pierreuses.

Ce sont les recrues des bataillons d'Afrique, — corps réguliers, qui n'ont rien de commun avec les pénitenciers.

J'ai vu, à Marseille, d'autres départs, et j'ai dans les yeux la vision d'un convoi de soldats, des disciplinaires, — des « pégriots », comme on les appelle indistinctement aujourd'hui, — qui, ceux-là, n'avaient jamais failli à l'honneur et qu'on dirigeait sur les colonies africaines pour, simplement, une parole malsonnante ou un geste trop vif.

Trois par trois, tout le long du quai, où, sur le fond bleu de la Méditerranée, des vergues et des mâtures s'enlevaient, éclaboussées de soleil, ils s'en allaient attachés ensemble par des chaînes, vers le wharf d'embarquement, — une humiliation dans l'affaissement de leur échine.

D'une allure lourde et résignée, ils marchaient entre des gendarmes. Et le bateau, déjà, chauffait pour les emporter vers la mort, peut-être — à coup sûr vers la torture incessante et raffinée du bagne.

Dans le mouvement du port de la Joliette, à travers le grouillement des gueux innombrables qui vont, viennent, se bousculent, s'injurient, ils défilaient, lamentables, comme dépouillés déjà de leur humanité.

Ils avaient été de « fortes têtes » au régiment !... Le conseil de discipline les avait désignés pour les compagnies tunisiennes. Et, vêtus des loques les plus sordides du magasin d'habillement, ils avaient été remis à la gendarmerie. Ils avaient alors traversé la France, menottes aux poignets et fers aux bras, en dépit du règlement du 5 juillet 1890.

A petites journées, traînés de prisons militaires en prisons militaires, enchaînés même en wagon, c'est toujours ainsi que s'acheminent vers les pénitenciers les damnés de ces enfers.

Il y a, dans les préliminaires de leur châtiment, de l'odieux et du ridicule. De l'odieux, parce qu'il est absolument inadmissible que l'on conduise ainsi, de ville en ville, en proie à l'imbécile et malsaine curiosité de la foule, qui que ce soit et, à plus forte raison, des individus qui ne sont pas des criminels. Du ridicule, parce que cette précaution est inutile ; avec le télégraphe et le téléphone où donc pourrait, sans être immédiatement repris, se réfugier un évadé, vêtu d'un uniforme militaire ?...

Et puis songent-ils même à s'évader ?... Tenez ! dans une tragique catastrophe de chemin de fer, survenue le 11 septembre 1921, à onze heures du soir, en gare des Echets, se trouvait un convoi de douze soldats, à destination des établissements pénitentiaires africains, et que six gendarmes emmenaient à Marseille.

Sous les wagons broyés, parmi les victimes, — près d'une centaine, — gisaient cinq gendarmes avec huit de leurs prisonniers. Le choc avait été terrifiant ; et des gens fuyaient, horrifiés, hagards, dans la nuit, — comme pris de peur aux hurlements des

L'ENTRÉE DU PÉNITENCIER DE DOUERA ET SON COMMANDANT, LE CAPITAINE GARNIER

PORTE DE LA 4ᵉ COMPAGNIE DE DISCIPLINE, A AUMALE

1

UN SERGENT DE LA JUSTICE MILITAIRE ET SES FERS : MENOTTES ET PÉDOTTES

blessés, aux râles des mourants. Cependant que les quatre disciplinaires, Blots, Portas, Cadro et Renaud, par miracle sains et saufs, et à qui on avait, à coups de marteau, fait sauter leurs chaînes, se prodiguaient, avec un dévouement admirable, au sauvetage des blessés.

— Plus d'un leur devra la vie, rapporta à ses chefs le gendarme survivant.

N'empêche que l'on s'obstine à faire, de ces convois de pénitentiaires, comme la longue et douloureuse montée d'un calvaire.

*
* *

Mais les voici embarqués, les pégriots. Dans l'entrepont aux couloirs obscurs, ainsi que des galeries de mine, entassés, comme naguère, les cargaisons de bois d'ébène des négriers, ils attendent, anxieux, le cri de l'homme de quart signalant la terre à l'horizon. En leurs cerveaux d'adolescents passe la vision des heures d'autrefois, où, tout petits, ils avaient pour se consoler des chagrins puérils les caresses d'une mère. Et, accroupis sur leur mauvaise demi-couverture, — la seule fourniture de couchage qu'on leur délivre, — les yeux durs, ils sentent fermenter en eux le levain des mauvaises rancunes.

La curiosité hostile des officiers, des matelots et des passagers, à chaque instant, les soufflette d'une honte. Et leur torture morale s'aggrave encore à l'heure du repas, — où s'affirme leur ravalement au rang des bêtes.

Dans un baquet nagent quelques détritus de viandes et quelques légumes, — comme une énorme pâtée. A l'entour, dix hommes, tassés, plongent leurs mains dans le mélange écœurant et essaient, au petit bonheur, de pêcher quelques débris. Car les règlements militaires leur refusent tout matériel de nourriture, et, à bord, le personnel se garde bien d'en mettre à leur disposition.

Mais, vite, le récipient est à sec. Et ces hommes, jeunes, d'appétit robuste et exigeant, n'ont plus, pour s'emplir l'estomac, qu'une parcimonieuse ration de biscuit, la plupart du temps avarié.

Et puis, on apporte l'eau : une ration, — pour dix encore !... Tant pis si, dans une bousculade, un maladroit renverse le seau !...

Enfin, le navire est à destination... Brutalement, les gardes-chiourmes font ranger leurs prisonniers sur le pont et ils les attachent à nouveau, les uns aux autres, par groupes de six ou sept. Et c'est ainsi, dans l'effacement de leur personnalité, que les disciplinaires foulent la terre de servitude, — pour être, aussitôt, accablés d'outrages, abreuvés d'humiliations, quand on ne commence pas par les assommer, — les tuer !...

Un exemple, — pris dans le tas !... Un convoi de pénitentiaires, débarqué à Philippeville, arrive par le train à Clairefontaine, le 26 juin 1920. Pendant le trajet, qui a duré deux jours, chaque homme a eu, pour toute pitance : un œuf, une boîte de sardines et un kilo de pain. Et, de Clairefontaine, les détenus, — au nombre de cent vingt-sept — sont dirigés sur le camp de l'Ouenza. La distance à franchir est de trente-deux kilomètres. Des chaouchs, revolver en sautoir, et vingt-six tirailleurs indigènes, avec le fusil baïonnette au canon, encadrent, farouchement, la colonne.

Depuis des jours et des jours, entassés, sur le bateau, au fond des cales, ou, dans les trains, empilés dans des wagons à bestiaux, les hommes sont éreintés, exténués. Pesamment chargés, et avec leurs lourds vêtements de drap, brûlants sous le soleil de feu, ils se traînent machinalement, comme des automates. Et puis la soif les torture et la faim les mord aux entrailles.

Les chaouchs ne cessent de tarabuster, de bousculer, de frapper les traînards :

— Allez !... Dépêchez !...

Au bout d'une dizaine de kilomètres, un détenu, Antoine Martin, s'écroule.

Le chaouch, qui commande, a un sursaut de fureur :

— A la garde ! rugit-il.

Les tirailleurs s'empressent, et, à coups de crosse, pour « le faire relever », le laissent là, étendu pour toujours, le crâne défoncé.

Un kilomètre plus loin, c'est Victor Jamin qui, lui aussi, à bout de force, tombe. Puis, à la reprise de la marche, après la pause où tous, harassés de fatigue, s'étaient couchés sur le sol, ce sont Gros et Marmonger qui essaient de se dresser, de se remettre debout, et retombent lourdement. Un peu après, le long de la route, c'est Ozenne qui s'effondre.

Et, chaque fois, sous les yeux des détenus, horrifiés mais impuissants, la même scène de massacre atroce avait recommencé. Sur Jamin, sur Gros, sur Marmonger, sur Ozenne, les tirailleurs s'étaient élancés, ivres de la même ivresse de meurtre.

Soudain, c'est un autre condamné, Péluze, qui se met à marcher à quatre pattes, avec des soubresauts de bête et des hurlements de fou. Les tirailleurs, que, comme tous indigènes, les manifestations de démence envahissent comme d'une crainte superstitieuse, le regardent, stupides, les yeux ronds. Mais voici que le corps épuisé du malheureux, dans une détente suprême, s'allonge sur le sol, et y demeure étendu. Il ne bouge plus, — et il ne bougera plus, assommé sur place par les tirailleurs, revenus à leur sauvagerie.

Enfin, une fois au camp d'Ouenza, après avoir, à force de volonté, tenu jusque-là, ce sont encore deux autres disciplinaires, qui, tout à coup, chancellent, s'évanouissant. Et, sur ces deux dernières proies, les tirailleurs se jettent, ainsi que des bêtes fauves. L'un, Rameau, est resté là où il était tombé, et pour ne plus se relever ; l'autre, Siguier, transporté, tout sanglant, hors du camp où on n'avait que faire de lui, n'expirait que le lendemain matin.

Tous deux, ainsi que les cinq autres assassinés, sur le **rapport** des chaouchs, au capitaine, commandant la « portion centrale », furent portés décédés en cours de route du convoi — le convoi de la Mort !...

*
* *

J'ai assisté à un débarquement, naguère à Gabès, où aboutissaient alors les convois de disciplinaires à destination de Gafsa et des autres bagnes militaires tunisiens.

Le port ne possédait ni ponton, ni wharf. C'était en pleine mer que les malheureux, en grappes humaines, étaient livrés aux chaouchs. Poussés, harcelés, il leur fallait prendre place dans une méchante barque que ballottait la houle, toujours forte, dans ces parages. A chaque choc des lames, jetés les uns sur les autres, tiraillés à hue et à dia, ils s'empêtraient dans leur chaîne, tombaient, se relevaient, se bousculaient. Et c'étaient, de la part des gradés, des lazzis féroces, des rires insultants, des menaces, parfois même des coups...

Tel était le traitement que la civilisation infligeait à des hommes coupables, le plus souvent, d'une vétille. Pour bien marquer leur solidarité dans la faute, malgré l'immense diversité des caractères de chacune de ces fautes, on supprimait leur individualité en les liant ensemble par une même chaîne, comme les galériens d'autrefois.

Autour de moi, des colons massés sur le rivage attendaient, une pitié dans le regard, que fût abordée la barque portant le dernier paquet de sept hommes.

... Maintenant, le convoi défile lamentable, loqueteux, sordide. Il s'enfonce dans la lumière éclatante de Gabès, où parfois des dômes tout blancs mettent comme un bouillonnement d'écume. On dirait d'une larve géante, cette mince et noire colonne humaine qui, lentement, s'en va, et on se prend à chercher, à sa traîne, sur toute cette blancheur, comme un sillage de salissure.

De temps à autre, des groupes d'Arabes regardent, graves, passer ces hommes. Et devant l'avilissement d'Européens, — de gens de la race victorieuse, — quelles réflexions assaillent leurs âmes frustes de primitifs ? Sur leurs faces, d'ordinaire impassibles, passe comme la palpitation d'une joie... N'est-ce pas une revanche ? Car il semble que ces indigènes asservis, déchus de leur antique puissance, se disent qu'après tout nous ne leur sommes pas si supérieurs, puisque nous apportons à châtier ceux d'entre nous qui ont commis une faute la même cruauté que les incivilisés eux-mêmes...

Et s'ils savaient !... S'ils savaient que ces hommes, que ces Français, si barbarement traités, menés en bétail, ne sont pas des criminels, que penseraient-ils, dans leur inflexible logique d'enfants, de notre justice, — de notre Humanité ?...

Mais les disciplinaires, toujours, s'en vont. Ce n'est plus déjà qu'une masse noire, sous un scintillement. C'est le soleil qui précise la menace des baïonnettes.

Ils s'en vont... Ils s'en vont vers le sud, — vers les régions désertiques que fige une lumière féroce, et où tout bruit, — toute plainte, — s'évanouit, se perd dans l'immense silence...

*
* *

Mais d'où viennent-ils ces disciplinaires, — les pégriots ? Des régiments de France, de l'armée du Rhin et de nos corps expéditionnaires. Et aussi, en majorité, peut-être, des joyeux des bataillons d'Afrique.

Les joyeux, on le sait, sont ces apaches, escarpes ou souteneurs, dont, au moment de l'incorporation de leur classe, une ou plusieurs condamnations de droit commun agrémentent le casier judiciaire. Mais, contrairement à une erreur assez répandue, ils n'entrent pas automatiquement dans les établissements pénitentiaires. Les bataillons d'Afrique sont des corps réguliers. Les recrues n'y purgent pas une peine : ils font là leur service militaire et ne se différencient de nos troupiers d'infanterie métropolitaine que par quelques détails d'uniforme. Toutefois, la discipline y est dure. Et ceux qui ne s'y plient pas docilement passent à la section spéciale, où, là, pour les mater, on emploie les grands moyens. S'ils regimbent encore, c'est le conseil de guerre : la condamnation à la prison ou aux travaux publics. C'est alors, mais alors seulement, la dégringolade dans le pénitencier. Et les voilà, non plus des joyeux, mais des pégriots.

Il y a aussi, dans les pénitenciers, et c'est là une anomalie invraisemblable en régime de liberté, des hommes simplement coupables de délit d'opinion.

Naguère, sous les gouvernements où c'était un crime d'être républicain, on expédiait aux bagnes militaires ceux qui manifestaient trop hautement leurs préférences pour la démocratie, puis, à d'autres époques, lorsque fut déplacé l'axe de la politique gouvernementale, on envoya à Biribi des soldats dont le tort était d'avoir gardé l'idéal démodé d'autrefois.

*
* *

Il suffit donc de bien peu de chose, parfois, pour être l'objet d'une mesure de rigueur véritablement exagérée. Car, dans les bagnes militaires, se perdent le plus souvent la santé physique et la santé morale.

Dès son arrivée, le pénitentiaire est pris dans un terrible engrenage, qui broie vite les résolutions les plus solides. Les provocations et les injures des gradés, les harassements des durs labeurs, les souffrances subies, les coups de nerf de bœuf, les tortures des fers qui corrodent peu à peu son cerveau le jettent à l'exaspération folle, aux actes imbéciles du désespoir.

Et, afin de s'évader de l'obsédant martyre, et dans l'espoir de changer de geôle ou de camp, l'homme lacère ses effets ou casse un carreau, pour aller devant le conseil de guerre. D'où il revient avec des années en plus de prison ou de travaux publics, — pour, bientôt, recommencer encore à vouloir changer d'air. C'est ainsi qu'il finit par s'y enfoncer à jamais, à ne plus sortir de cet enfer. Et comment en sortent-ils ceux qui échappent à l'étreinte de la pieuvre pénitentiaire ?... Le plus souvent, brisés, éteints, morts moralement, sans force pour recommencer la lutte de la pitance et du nécessaire.

Voilà ce qu'on fait de jeunes hommes, pleins de santé, dont l'honneur, souvent, est intact, et que leurs mères, avec résignation, avaient donnés au pays pour le défendre en cas d'attaque.

Un soldat a sauté le mur ?... Il a bu plus que de raison ?... Il a encouru les sévérités de ses chefs ?... Au bagne, comme un malfaiteur de droit commun !... Et alors que celui-ci est jugé au grand jour, celui-là est traduit devant une juridiction fermée, une sorte de Sainte-Vehme militaire.

C'est le conseil de discipline, — antichambre du conseil de guerre.

*
* *

Institué dans un large esprit démocratique par l'Assemblée constituante de 1790, le conseil de discipline devait juger, toutes portes ouvertes, et, composé d'hommes de tous grades, son rôle était de réprimer aussi bien l'injustice du chef que l'indiscipline du soldat.

Nous avons depuis marché à reculons... Actuellement, convoqués par les colonels ou les inspecteurs généraux d'armée, les conseils de discipline ne comptent uniquement que des officiers.

Et quelles garanties d'équité présentent-ils ?... Leurs séances ont lieu à huis clos. L'avis du conseil est rendu en l'absence de l'inculpé, qui n'en connaît jamais les considérants et les termes. Pourtant, cet avis a les conséquences et les formes d'un jugement. Et d'un jugement sans appel. Car, d'après les règlements sur le service intérieur, la réclamation n'est permise à l'inférieur que lorsqu'il a obéi... Il lui faut donc, sans mot dire, tendre les poignets aux menottes des gendarmes et se laisser emmener dans un pénitencier où il expiera une faute qu'il peut n'avoir pas commise.

C'est la guillotine sèche !...

La preuve !... Il y a quelque dix ans, au 39ᵉ de ligne, à Bernáy, le conseil de discipline se réunit sur convocation du général de brigade Guerrier, pour juger un homme qui s'était enivré et avait découché. Les officiers, présidés par le lieutenant-colonel Berthier de Sauvigny, refusent de conclure à l'envoi du soldat aux compagnies de discipline.

Le général Guerrier donne aussitôt l'ordre de faire comparaître à nouveau l'homme devant le conseil. Et, pour la seconde fois, les officiers délibèrent et émettent le même avis.

Le général, alors, expédia au chef de corps une lettre comminatoire... il ordonnait que, pour la troisième fois, l'homme se présentât devant le conseil de discipline du 39ᵉ d'infanterie. Et il ajoutait, en substance, que, lorsqu'un général donne l'ordre formel de faire passer devant le conseil de discipline un soldat, ce soldat doit être condamné. Autrement, — terminait-il, — les officiers composant ce conseil seraient des indisciplinés et il se verrait obligé de sévir contre eux.

Cette lettre monstrueuse doit figurer encore dans les archives du 39ᵉ d'infanterie, à Bernay.

Et le fait seul qu'elle ait pu être écrite, n'est-ce pas la condamnation la plus formelle de toutes ces juridictions d'exception, —

conseils de discipline ou conseils de guerre, — qui ne sont que, trop souvent, de simples machines à exécution ?

*
* *

Les pénitenciers où, en une effarante promiscuité, grouillent délinquants et criminels, sont :

1° En Algérie, les pénitenciers de Bossuet, Orléansville, Douéra, Aïn-Béda, Bougie. (Par économie, Douéra et Bougie ont été supprimés.) ;

2° Au Maroc, le pénitencier de Dar-Bel-Hamrit ;

3° En Tunisie, le pénitencier de Téboursouk.

C'est là le siège des dépôts, ou « portions centrales », avec leur cadre ; un capitaine, des lieutenants, des sous-officiers et des tirailleurs algériens, marocains ou sénégalais.

Mais il y a les détachements, isolés, perdus dans le grand silence du bled africain, avec, parfois, jusqu'à deux cents hommes, sous le seul commandement de sous-officiers, flanqués de tirailleurs indigènes, qui assurent, férocement, la garde. Là, les pégriots cassent des cailloux et font des routes pour le compte de la colonie, ou bien triment pour des entrepreneurs habiles à stimuler les chaouchs à tirer, à coups de trique, le plein rendement de cette chair à travail.

Eh ! qu'importe le caractère de la faute, à ceux qui dirigent ces singulières écoles de relèvement moral Vols, meurtres, désertions, outrages à supérieurs, destructions ou dissipations d'effets militaires, bris volontaires de matériel appartenant à l'Etat, refus d'obéissance, violations de consignes, — parbleu ! tout ça se vaut. Ce sont bonnets blancs et blancs bonnets coïffant de mêmes têtes. Et, pour les coupables jetés là dedans, en tas, l'expiation est la même.

III

CHAIR A SOUFFRANCE... ET A PROFITS !...

Une frange de clarté ourle le bord du ciel. Et, dans le camp des pénitentiaires, strident les notes cuivrées d'un clairon.

C'est le réveil... Hâtivement, les hommes se dressent, arrachés par l'implacable déchirement de la sonnerie au rêve consolateur. Et, à peine commencent-ils à passer leur tenue de toile, qu'éclate un concert de cris, de jurons, d'injures, — des hurlements farouches.

Revolver au côté, la moustache en bataille, les chaouchs se sont précipités. Ils pénètrent sous les tentes où les pégriots, maintenant, rangent les fournitures de couchage : une paillasse, deux draps et une couverture. Et les ordres brefs claquent et cinglent comme des coups d'étrivières...

Poussés, harcelés, fouaillés en bestiaux, les hommes sortent, précipitamment, des marabouts qui se profilent, ainsi que d'énormes champignons, sur la grisaille de la montagne voisine. Et, bientôt, rangés par ordre de taille, ils prennent, la tête exagérément levée, les mains figées dans un raidissement automatique, la position du « garde à vous ».

On dirait de ces pantins de plomb qui, coulés dans le même moule, et alignés sur une table, dans l'uniformité monotone de leur identique coloris, rendent concrète, pour l'enfant, l'idée de la vie militaire.

L'appel a lieu et les corvées se forment. Les disciplinaires, par paquets, s'en vont à travers le bled, sous la conduite d'un sergent ou d'un caporal, flanqué de tirailleurs indigènes, avec le fusil baïonnette au canon.

Les uns, interminablement, sous les morsures féroces du soleil, manœuvrent le long marteau du cantonnier. Ils cassent de la caillasse pour les routes. D'autres, la pelle et la pioche en main, creusent des trous et extraient du sable. D'autres encore vont chercher du bois pour le « cuistot », et reviennent, l'échine cassée sous le fardeau des souches.

Il en est qui, préposés à la provision d'eau, descendent à l'oued, chargés de tonneaux ou de baquets. Ils les emplissent, les hissent sur leurs épaules et remontent vers le camp d'un pas lourd de bêtes de somme, — et cela, sans fin, sans répit...

Mais, une des plus pénibles de toutes les corvées, — et que j'ai suivie, — c'est l'arrachement de l'alfa. Les hommes s'en vont, par la plaine morne, où ne pousse que cette herbe dure, aux tigelles coupantes. Il leur faut se courber, et, de leurs seules mains nues, tirer hors du sol les touffes, dont les racines résistent opiniâtrément. La douleur, là, vient doubler la difficulté de l'effort. Car ils s'arrachent l'épiderme des paumes aux arêtes vives de la plante.

Et pour peu que les misérables soient sous la coupe d'un entrepreneur, — qui sait « y faire » avec les gradés, — c'est des dix heures, des douze heures par jour, au lieu des neuf heures réglementaires, qu'alors ils triment sans relâche, dans le feu de la fournaise africaine.

Sur ces chantiers-là, ils sont toujours au travail à la tâche, —

tâche impossible à abattre. S'ils s'arrêtent, s'ils veulent reposer leurs membres harassés, si leur fatigue se mue en intolérable souffrance et paralyse leurs forces, aussitôt gronde, menaçante, la voix du chaouch.

L'arme sur la hanche, il se promène de long en large, observant, épiant. Et, au moindre signe de défaillance, au plus petit symptôme de ralentissement dans la tâche, il s'élance, ordonne, injurie, — trique. Ainsi, sur les flancs des troupeaux, le chien de berger, en continuelle quête, surveille, aboie, harcèle et mord les retardataires et les traînards.

Et à qui essaie de protester, ou à qui montre ses pauvres mains dépouillées, ses poignets enflés par l'effort, le chaouch, avec un cynisme féroce, lui jette, dans un ricanement :

— M'en fous !... Travaille ou crève !

Souvent, ils « crèvent », — tels, par exemple, en juillet 1922, au camp marocain de Sidi-Moussa, — où sévissait le sergent-chef Pochou — les deux pégriots Helel et Hubert.

— Pourtant, n'est-il pas des officiers inspecteurs ?

— Si, si !...

Précisément, à ce même camp de Sidi-Moussa, en ce même mois de juillet, — exactement le 15, — était passé le commandant de la « portion centrale ». L'entrepreneur, qui, en vertu d'un marché régulier, disposait de toute la chair à travail du détachement, n'en obtenait pas tout le rendement que recherchait son insatiable soif de profits. Il entendait exprimer, de cette chair pressurée, tout le suc, eh ! oui, tout le jus, comme d'un citron pressé !

Les travaux consistaient en défrichements de terrains couverts de jujubiers, aux branches épineuses. La tâche journalière de chaque homme, fixée, tout d'abord, à cent vingts kilos de racines de ces arbres, avait été portée, d'un coup, à trois cents kilos ! Mais c'était tout juste si le chiffre de deux cents kilos était dépassé. Que diable !... ça ne pouvait pas durer. Et avec empressement, le commandant s'était mis aux ordres de l'entrepreneur, pour l'accompagner sur le chantier, — et aviser au plus vite.

Sur le prix de sa journée, quatre francs, — vous lisez bien, quatre francs ! — il était alloué à chaque homme un franc, pour achat de supplément de vivres aux mercantis qui passent. Eh ! bien, dorénavant, à tout détenu, dont le rendement quotidien de travail serait estimé insuffisant, on supprimerait tout ou partie de son allocation. Et, naturellement, au profit de l'entrepreneur.

Telle fut — et sans appel possible — la décision du commandant.

Parbleu ! se mettre à dos un de ces négriers, qui trouve que sa marchandise humaine ne rend pas assez, quelle catastrophe !

pour la garde-chiourme !... Plus moyen de se goberger, de ripailler, de se vautrer !... C'est le casuel à terre.

N'est-ce pas, à force de tarabuster et de triquer les misérables sur les chantiers, et sans cesse enfler la surproduction, qu'un adjudant du camp de Fulfila a pu, depuis la guerre, faire le sac, — doter sa fille !... Ça se sait, — et quel stimulant ? — dans le monde des chaouchs. Ah ! s'ils n'en ont pas ailleurs, tous, désormais, ils ont du cœur au ventre pour en faire « mettre un coup » à la chiourme !...

*
* *

Mais voici que, là-bas, le clairon appelle à la soupe... De toutes parts, dans l'immobilité hostile du bled, les corvées rallient le camp, se hâtent vers la gamelle, — maigre pitance pour ces hommes qui, durant des heures, se sont acharnés à une besogne de force.

Je sais bien qu'aux termes de l'article 20 du décret du 2 novembre 1902 : « la nourriture des disciplinaires est la même que celle des troupes d'infanterie ». Mais « les hommes punis de prison reçoivent le pain et deux soupes, dont une sans viande ; les hommes punis de cellule reçoivent chaque jour le pain et une soupe ; un jour sur deux cette soupe est sans viande ». Or, combien de pégriots se trouvent à ce régime de punition, plus de deux cents jours par an !

Leurs forces s'en vont. D'autant que le pain est gâté, que les légumes ont parfois voyagé, dans les bardats des mulets, avec le pétrole destiné à l'éclairage du camp, et sont devenus immangeables... Et puis, la viande, le plus souvent, ne figure que dans les règlements.

A Méchéria, il y eut longtemps un sous-officier, qui, celui-là, avait une singulière façon de sauver les apparences.

— Vous réclamez de la viande ? Bien ! concédait-il aux disciplinaires. Il y en aura dans toutes les gamelles... Chacun aura désormais son morceau bien à lui : personne ne sera volé !...

Et, tout le temps que ce gradé demeura à Méchéria, chaque gamelle eut, en effet, sa « portion de viande ». C'était un os, soigneusement raclé, et où était gravé le numéro matricule de l'homme.

Et ce sous-officier modèle, — qui connaissait l'article du règlement : « il n'est accordé aux disciplinaires de faveur d'aucune sorte », — aux hommes, punis de cellule, ne confiait l'os qu'un jour sur deux.

Mais, invariablement, le même os revenait dans la même gamelle...

Un jour, un disciplinaire, en cellule depuis des mois, obsédé, exaspéré et hanté par l'ironie persistante du même chiffre sur le même os, rageusement, l'enfouit dans un coin, — sous ses excréments.

Le surlendemain, dans la même gamelle, le même os était là...

*
* *

Après le repas, c'est la sieste. Car, dans les solitudes de l'extrême-sud algérien, tunisien et marocain, il ne faut pas songer à remettre les hommes au travail avant trois heures de l'après-midi. Alors, une nouvelle sonnerie de clairon arrache les pénitentiaires à leur inaction. Et ils repartent pour la tâche ardue, jusqu'à l'heure où le soleil, qui se couche, saigne à l'horizon...

Jamais un disciplinaire ne franchit, sans être flanqué d'un tirailleur indigène armé, les limites du camp. Il est perpétuellement consigné. Car, d'après le règlement, ils « sont considérés comme étant dans un état permanent de punition ».

Autrefois, — à une époque qui n'était pas, dit-on, de progrès, — ils étaient assimilés aux soldats de l'armée régulière et pouvaient, en vertu d'une circulaire de 1818, sortir librement. C'est en 1851 que, le 23 avril, le ministre de la guerre décida de priver le disciplinaire de toute communication avec l'extérieur. Mieux : toutes les missives adressées aux pénitentiaires sont ouvertes et lues par les chaouchs. Egalement, celles qu'ils expédient eux-mêmes.

... Enfin, le soir est tombé... Le clairon, mélancolique, égrène dans l'air calme les modulations traînantes de l'extinction des feux. Maintenant, sous les tentes, c'est le silence et l'ombre. Puis, brusquement, une phosphorescence — comme un œil de lutin méchant — tremblote entre deux marabouts. Trois silhouettes surgissent. C'est une ronde d'un chaouch, au large galon qui scintille, encadré de deux tirailleurs, fusil au bras... Il écarte la toile d'une tente et lance, un à un, les noms des hommes couchés là.

Brutalement éveillés, les malheureux doivent répondre. Ils le font d'un accent empâté, d'un grognement qui veut dire : « présent ».

Le chaouch s'éloigne et va à la tente voisine... Et combien de fois, dans la nuit, recommencera, pour les disciplinaires, ce supplice de l'arrachement au repos réparateur, à l'apaisement, à l'oubli !...

IV

LES INSTRUMENTS DE SUPPLICE

Mais comment avais-je été amené à enquêter dans ces enfers que sont les bagnes militaires ?...

C'était, là, ma réponse à un cri d'humanité, à un appel de pitié, poussé vers moi par un médecin militaire « parce qu'il aimait « l'armée » et qu'il voulait voir « mettre fin à des actes et des faits « de tortures qui la déshonorent ».

« Venez, je vous en supplie, — m'adjurait-il, — faire une « enquête dans ces géhennes. Chaque jour de retard fait de nou- « velles victimes. Venez ! C'est pour le bien de l'humanité. Et vous « ne pouvez demeurer sourd à la prière instante que je vous « adresse. »

Donc, je me rendis, en hâte, à l'appel si émouvant de ce médecin-major. Et, à notre première entrevue, tout de suite, il me posa cette question — comme si elle lui brûlait les lèvres :

— Avant tout, avez-vous vu ce qu'on appelle les fers ?

— Les fers ?... mais ils sont abolis, me récriai-je !

Et comme j'invoquais les textes :

— Oui, ricana-t-il, les fers sont supprimés sur le papier... Oh ! je sais bien !... Je connais les instructions ministérielles, les circulaires, les ordres donnés... Mais allez voir dans les péniten-ciers... Allez voir surtout dans les détachements isolés, à des lieues et des lieues de tout centre habité... Le gradé, là, est maître absolu, comme le capitaine sur son navire. Il fait ce que bon lui semble... Nous autres, médecins, n'avons même pas le droit d'in-tervenir... Il faut que nous soyons appelés par le sous-officier chef du détachement. Et quand il a commis un acte arbitraire de cruauté, il se garde bien de nous prévenir...

Il ébaucha, de la main, un geste, comme pour chasser d'atro-ces visions. Puis, pour bien me faire saisir toute l'horreur des tortures infligées aux damnés des enfers militaires, il me montra les instruments de supplice :

— Tenez !... en voici, des fers... Regardez ça !...

Et, pendant qu'il m'en expliquait le maniement, — et à quels raffinements de cruauté se complaisait, parfois, l'ingéniosité des bourreaux, — je regardais, de tous mes yeux, ces effrayantes machines en fer, qui, de plus en plus, m'apparaissàient comme d'effarantes tenailles de cauchemar.

*
* *

Il y a d'abord les menottes, qui ne ressemblent en rien aux chaînettes dont use la gendarmerie pour conduire les malfaiteurs arrêtés.

Les menottes des bagnes militaires affectent la forme d'un fer à cheval. Une tige, en pas de vis, les divise longitudinalement. Autour de cette tige, jouent deux ailettes qui, en tournant, font descendre une sorte de barre de pression. Les deux poignets sont introduits dans les concavités du fer à cheval. On fait tourner les ailettes qui, à chacune de leurs rotations, abaissent d'un cran la barre de pression.

Et les chairs se trouvent ainsi comprimées de plus en plus entre les parties arrondies du système et la terrible barre-étau. Bientôt, les os craquent, la peau se fendille, le sang gicle.

Les ailettes sont trouées à leur extrémité pour permettre l'introduction d'un cadenas. Et, dans ce trou, lorsque la force seule de la main devient insuffisante pour les faire jouer, le tortionnaire introduit un levier : clou ou poinçon. Il augmente ainsi, il double, il triple, il décuple son effort.

Et c'est le supplice du coin, renouvelé de l'Inquisition...

Les pedottes ?.. Ce sont, comme leur nom l'indique, les menottes des pieds — celles qui broyent les chevilles dans leur effroyable étreinte de fer.

Leur forme est analogue à celle des menottes ; mais elles sont accouplées et, parfois, liées par quatre ou six paires à une longue barre — la barre de justice.

Les torturés attachés par les pieds, les uns à côté des autres, vivent de la même vie de souffrance, exhalent en commun leur douleur... La barre est à cinquante à soixante-quinze centimètres du sol. Les reins, seuls, portent sur la terre battue que heurtent les crânes. Le sang bourdonne dans les cerveaux, la pression de la pedotte, à chaque mouvement, à chaque tressaillement, à chaque sursaut, fait naître une douleur nouvelle.

Les bourreaux ont d'ailleurs ajouté encore à l'horreur de ces tortures.

Les menottes étaient destinées, évidemment, à emprisonner les poignets, joints sur la poitrine, puisqu'il devait suffire d'empêcher l'usage des mains pour éviter toute violence. Eh bien ! les gardes-chiourmes ont jugé que ce n'était pas suffisant, et ils forcent le disciplinaire à joindre les mains derrière le dos, avant de les lier, et, ramenant les talons vers les cuisses, ils réunissent, au moyen d'une corde, menottes et pedottes, tassant l'homme en un paquet informe.

C'est ça, la crapaudine !

Et les disciplinaires demeurent ainsi des jours, des semaines, des mois, dans leurs excréments, obligés, pour manger, pour boire, de lapper comme des chiens à même la gamelle ou le quart d'eau — s'ils ne les ont pas renversés auparavant. Et, dans ce cas, c'est la torture de la faim et de la soif qui s'ajoute aux souffrances physiques.

Et ce supplice peut être appliqué suivant l'arbitraire du gradé, Un mot, un geste. Et le sous-officier, sûr de l'impunité, sachant qu'il n'a à redouter aucun contrôle, se jette sur le disciplinaire, le renverse, et, avec l'aide de ses tirailleurs indigènes, lui passe les fers d'abjection et de souffrance.

Et puis les tortionnaires ont fabriqué, en dehors de tout règlement, un instrument imprévu de torture : les poucettes. Ce sont de mignonnes menottes que l'on applique aux pouces, réunis, derrières le dos. Et lorsqu'une corde, mouillée préalablement pour qu'elle pénètre plus avant dans les chairs, relie les doigts, comprimés dans leur double étau, aux talons ramenés vers les cuisses, la souffrance devient telle que, à coup sûr, le désir de la mort a souvent traversé, comme un espoir de délivrance, le cerveau des torturés...

Voilà ce que sont les fers, — supplice renouvelé d'un autre âge.

*

* *

Au temps de l'ancienne Rome, les chrétiens, dans le cirque, étaient livrés aux bêtes. Mais, sous les dents et les griffes des bêtes, les muscles déchirés, les membres broyés, vite mués en cadavres, ils avaient achevé de souffrir. Il ne restait que l'horreur rouge du sang répandu sur le sable d'or de l'arène.

Aujourd'hui, avec la civilisation, la torture s'est amplifiée, et, là-bas, dans les bagnes militaires, c'est à des êtres humains qu'on jette en pâture des petits soldats, dont le supplice, à ceux-là, indéfiniment, se prolonge — pendant que pleurent, en France, les mères qui, au régiment, les avaient vus partir, comme les autres, pleins de vigueur, pleins de santé, pleins de joie, pleins d'espoir...

V

LA « CAÏDA » ET LA « PELOTE »

Sur les flancs nus d'un mamelon, que brûle le soleil, l'échine ployée sous une charge de sable ou de pierres, dont ils ne se débarrassent jamais, des hommes, au pas gymnastique, suant, soufflant, grimpent, dégringolent, pour grimper encore, puis redégringoler, — et cela sans relâche.

C'est le supplice, renouvelé des enfers, de Sisyphe poussant sans fin son rocher.

Et, pareillement, ces autres damnés, si, dans leur interminable galop forcé, ils marquent une défaillance, tentent de reprendre haleine, les chaouchs, qui sont là et guettent, les frappent de leur trique, — ainsi que, de leur fouet, faisaient les Erinnyes.

Cette punition, la « caïda », le règlement ne l'a pas prévue. C'est une trouvaille des chaouchs.

Parfois, un puni, révolté ou trop las, jette son fardeau à terre et regimbe :

— J'marche pus... J'en ai marre !...

— Attends voir un peu ! se précipite le chaouch, avec sa meute dressée de tirailleurs.

De force, sur le dos de l'homme, sa charge est hissée, ficelée, et, sous les coups, il lui faut marcher encore, marcher toujours !

En mars 1923, au camp de Khénifra, où les sergents Dubon et Ornaselli rivalisaient de férocité dans le commandement de la « caïda », c'est tout juste si le chasseur Cousinard n'y laissa pas sa peau. Car, là, comme partout, pénitenciers ou détachements, les chaouchs font, des disciplinaires, des hors la loi, sur qui, impudemment et impunément, ils s'arrogent le droit d'insulte, le droit de bastonnade, le droit de torture, — le droit de vie ou de mort.

Et, devant de telles abominations, c'est vainement que l'on viendrait crier à l'invraisemblance, ou prétendre que je commets des anachronismes voulus ou involontaires. Non ! ces faits monstrueux sont de tous les jours, dans les bagnes militaires. Le haut commandement, par aventure, mis au courant, lève les bras au ciel et pousse des gémissements. A vrai dire, il n'y peut pas grand'chose.

Tenez ! j'ai là sous les yeux, sur ma table de travail, le rapport d'une enquête militaire sur des actes de cruauté révoltante, au camp disciplinaire de Taka-Ichian, dénoncés par la section de la Ligue des Droits de l'Homme, à Meknès. Ce document, qui porte la date du 5 août 1922, émane du général Poemyrau. Ce haut officier qui, incontestablement, est humain, en est réduit à reconnaître que, — en dépit des ordres donnés aux cadres, — « il est absolument impossible d'éviter que, hors de tout contrôle et en dehors de tout témoin, un gradé ou une sentinelle vienne à frapper un disciplinaire ».

Et, avec une candeur touchante, — car, à coup sûr, il n'y est pas allé voir, — il déclare que, comme par hasard, « à Taka-Ichian, il n'existe ni silos, ni cellules, ni prison, ni locaux disciplinaires ». Toutefois, il concède que le « dimanche qui est tout entier consacré au repos ou au lavage, les punis font l'exercice réglementaire du peloton ».

— Mais ça, bah, c'est une punition de rien du tout !... dirait pour un peu le général.

Parbleu ! pour en sentir l'horreur et la cruauté, il faut voir comment est appliquée cette punition par les chaouchs, en pleine brousse, là où ils sont les maîtres et sûrs de l'impunité.

Moi, j'ai vu...

*
* *

Sac au dos, mais sans armes, des hommes, — une vingtaine, — en blouses et pantalons de treillis, tournent en rond... A des commandements brefs, ils accélèrent l'allure, s'arrêtent, s'agenouillent comme pour viser et tirer, repartent, s'arrêtent encore.

C'est le peloton de punition, — la « pelote ». On dit aussi le « bal ».

Parfois, pour rompre la monotonie, le chaouch qui dirige le « bal » ajoute de nouvelles figures à ce quadrille macabre. Pendant que le peloton s'essouffle au pas gymnastique, brusquement il lance :

— Numéro un, au galop !

L'homme en tête doit partir à toute vitesse, ventre à terre, et rejoindre la queue du peloton.

Et ainsi de suite jusqu'à épuisement de la pitoyable théorie des disciplinaires.

Puis, haletants, ruisselants de sueur, les jambes cassées, le chaouch, d'un mot, les arrête :

— Halte !

C'est le repos !... Cruelle ironie. Car ils doivent alors se tenir raidis, les membres figés, dans l'attitude du garde à vous. Et le sous-officier, passant le long de l'alignement, brutalement, rectifie les positions.

« LA PELOTE » OU « LE BAL »

CASSAGE DE CAILLOUX

De temps à autre, un homme, sous le poids du sac, croule et s'abat en arrière... On le relève, et le chaouch, lui rejetant, d'un revers de main, le képi sur la nuque et mettant à nu le crâne rasé, lui ordonne :

— Face au soleil !...

*

* *

Il m'a été donné de voir — au cours de mon enquête — un certain capitaine, commandant la 3ᵉ compagnie de discipline, prendre lui-même, la direction du peloton. C'était sa grande récréation.

Tout à coup, une voix tonnait :

— Qu'est cela ?... Vous appelez ça une « pelote » ?... Attendez !... Je vais les secouer, moi !...

Et, la cravache en bataille, un ricanement aux lèvres, d'un geste, le capitaine écartait le sergent :

— Attention !... Pas gymnastique, en avant !...

Le peloton s'ébranlait. Mais, depuis deux heures qu'ils tournaient, les hommes étaient fourbus. D'aucuns traînaient la jambe.

Cependant, coup sur coup, les commandements les plus divers s'abattaient, en sifflements de lanières, sur les disciplinaires :

— Couchez-vous !... Levez-vous !... Halte !... Pas gymnastique !... Halte !... A genoux !...

Dans un affolement de désespoir, dans une angoisse de châtiments aggravés, les misérables semblaient trouver de nouvelles forces. Et ils obéissaient comme des bêtes sous le fouet du dompteur.

Alors, se tournant vers le sous-officier, le capitaine, une fierté dans le regard, s'enorgueillissait :

— Voilà comment on traite ces gaillards-là !... Que diable !... un gradé doit savoir conduire un « bal »... Et puis, il y a là un tas d'individus gênants que je veux voir disparaître... Trouvez-moi des motifs de conseil... Je me charge du reste... Ça débarrassera la compagnie !...

Et, tout à coup :

— Tenez !... justement, en voilà un !...

Du geste, il désignait un pauvre diable, dont la tête lui déplaisait et qu'il s'était promis de faire passer au conseil de guerre, — de « faire tourner », comme on dit en argot de la garde-chiourme.

L'officier s'approchait, et, le doigt braqué sur l'homme, comme s'il le visait, commençait à le presser d'observations, à le harceler, le talonner de commandements contradictoires.

Bientôt, ahuri, ivre d'épuisement, le malheureux ne comprenait plus les ordres... Les paroles bourdonnaient à ses oreilles... Il s'arrêtait, trébuchant, éperdu...

Le capitaine, alors, triomphait :

— Ah ! vous n'obéissez plus !... Vous refusez, hein ?... Eh bien !.. vous irez en cellule...

Car ce chef joignait l'hypocrisie à la férocité. Il savait — et il l'expliquait aux gradés sous ses ordres — qu'en exaspérant un individu par une punition imméritée, on l'incite à commettre une faute plus grave.

— Comme ça, enseignait-il, on s'en débarrasse tout à fait...

Et il le prouvait bien chaque fois qu'il prenait la direction de la « pelote ».

Jeté en cellule, le détenu, alors, de propos délibéré et pour en finir, cassait un carreau, lacérait une couverture ou insultait un gradé. Son compte était bon : les juges militaires ne le rateraient pas.

Eh ! oui, pour ce capitaine, les hommes placés sous sa coupe, c'étaient comme des figurines de jeux de massacre, et il se complaisait à les abattre à coups de motifs de conseil de guerre.

Qu'on ne croie pas que j'exagère... Et puis les faits sont là qui parlent éloquemment : en six mois, cet officier fit passer quarante-huit hommes en conseil de guerre, — autant qu'il en était passé, en quatre ans, avant son arrivée à la 3° compagnie. Et les sous-officiers n'avaient pas changé !...

*
* *

Et, toujours, encore, le peloton de punition des pénitentiaires continue ainsi de « tourner en rond », sous le soleil... Et les hommes vont, encore et toujours, implacablement, comme les chevaux de bois d'un manège forain... Ils vont ainsi, usant inutilement leurs forces, leur santé, — marchant sans but, dans le vague, tristes fantoches d'un bal macabre, d'une danse de damnés !...

VI

LE « TOMBEAU »

Le « tombeau » !... Encore un des supplices des bagnes militaires. C'est, sous la toile de tente, pliée en deux en forme de prisme, l'homme couché sur le sol. Tout mouvement lui est interdit, car il risquerait de jeter bas son abri, — ce qui lui coûterait cher. La tête ou les pieds, nus, dépassent toujours la tente, trop courte pour couvrir le corps tout entier.

On avait, par mesure d'humanité, supprimé la torture de l'enfouissement dans le silo, — un trou noir sous le sable et recouvert de ronces.

L'ingéniosité des bourreaux l'a remplacée et aggravée par le « tombeau » où tout vivant, dans une raideur de cadavre, l'homme ligoté est exposé aux brûlures du soleil ou aux morsures de la bise.

Ce supplice d'un autre âge est, celui-là encore, de tous les jours dans les bagnes militaires. Une preuve, dans le tas... Au mois de mars 1923, au camp de Khénifra, le chasseur Laroua est demeuré ainsi plus de trois semaines, couché, presque nu, à même la terre, les poignets et les chevilles broyés dans l'étau des menottes et des pedottes — sous la garde menaçante d'un tirailleur indigène, fusil chargé et baïonnette au canon.

Avant la guerre, on pouvait voir, en plein Paris, place de la République, une des victimes de cette torture, Ramat, qui, amputé des deux jambes en était réduit, pour vivre, à l'humiliation de tendre la main aux passants.

... Incorporé au 5ᵉ bataillon d'infanterie légère, à Biskra, Ramat fut, un jour, puni de prison pour avoir mal fait son paquetage, et, dès le lendemain, il connut les douceurs de la « pelote ».

Il tournait en rond, depuis une heure, dans la cour du casernement, un sac de sable sur le dos, quand, à la pause, — le sergent s'étant éloigné un instant, — il essaya d'« en griller une ».

Mais le chaouch, surgissant brusquement, a vu son geste.

— Remets-moi ta cigarette ! ordonne-t-il.

Et, comme Ramat, après deux injonctions, s'obstine à ne pas obéir, le gradé appelle des témoins.

Cependant, l'homme a porté à sa bouche la cigarette, et l'a avalée. Il est inculpé de refus d'obéissance et, sur l'ordre du sergent-major Sacrépenti, mis en cellule en prévention de conseil de guerre, — où il écopa deux ans de prison.

Ramat fut alors dirigé sur le pénitencier de Bône, puis sur celui de Coléa. De là, on l'envoya en colonne à Dalia, — à étapes forcées, sous les coups de triques des chaouchs. Un pénitentiaire, Venet, fit huit jours de marche avec le sac, — et les mains aux fers derrière le dos. Ses camarades devaient le faire manger et l'aider à satisfaire ses besoins naturels.

*
* *

A Dalia, Ramat passait ses journées à casser de la pierre pour la route. Autour de lui, on continuait à torturer, à martyriser des hommes.

Fuir !... Ce mot, tout à coup, entra en lui, tenace, obstiné. Il s'entendit avec Venet, et tous deux décidèrent de se sauver, au plus vite, loin de cet enfer. Mais le sergent-major Giudicelli et le sergent Mégi avaient eu vent de leur dessein.

Le jour fixé pour le départ, les chaouchs firent venir les deux pénitentiaires. Et, après avoir déshabillé complètement sur la route Venet et Ramat, ils les mirent aux fers. Puis ils les couchèrent sous le « tombeau », non sans les avoir roués de coups.

Un mois se passa, et, sa peine purgée, Ramat recommença à casser des pierres. Mais toujours, la même ivresse hantait ses jours et ses nuits. Il guettait l'occasion.

Un après-midi, à une corvée, un de ses camarades, alors que le tirailleur de garde tournait le dos, avait tenté de s'enfuir. Mais, aussitôt, un coup de feu avait détoné dans un éclair sinistre... Et le fuyard avait chancelé, puis s'était abattu, les bras en croix, parmi des éclaboussures rouges.

Déjà le tirailleur s'était, d'un bond, rapproché du corps inerte, et, pour être bien sûr que c'était fini, que l'homme étendu là ne se relèverait plus, par cinq fois, comme dans une cible, il lui déchargeait son arme dans le ventre.

Cette scène atroce n'arrêta pas Ramat dans ses projets d'évasion. Têtu, il ne s'accrocha que davantage à son idée, comme une ancre à un roc.

Peu après, il fut employé, sur la montagne, au charroi des moellons. Il devait les charger sur les cacolets des mules et les descendre sur la route. On était en décembre. Et le froid gelait le sol.

Ramat travaillait en compagnie d'un libérable, qui n'avait plus que vingt et un jours à faire. Tous deux étaient gardés par un seul tirailleur. Le pénitentiaire résolut de profiter de cette circonstance pour s'évader.

Un matin, la bise soufflait, et les doigts gourds de l'indigène pouvaient à peine tenir le fusil. Il se décida à faire du feu et alla jusqu'à un bosquet voisin ramasser un fagot de bois mort. Ramat l'épiait, le cœur battant.

Tout à coup, croyant le moment venu, il part comme une flèche, dévalant la pente caillouteuse, roulant et rebondissant...

Le voilà dans la plaine !... Et c'est à travers le bled, une course folle, un galop furieux.

Mais soudain, il perçoit derrière lui un sourd martellement, des pieds frappant en cadence la terre sonore, et un cri s'élève :

— Arrête !

Aiguillonné par cet appel, de plus belle, il continue à galoper. Gagne-t-il du terrain ?... Hélas ! le même cri retentit plus proche, cette fois :

— Arrête !

Ses flancs halettent en soufflet de forge ; ses jambes lasses, rompues, deviennent molles ; Ramat trébuche — et tombe...

Le tirailleur indigène, qui est à ses trousses, s'est arrêté et s'apprête à le coucher en joue. Mais, accourus du camp, par un raccourci, Giudicelli et les autres chaouchs se sont déjà précipités sur Ramat, à coups de pieds et à coups de matraques. Ils y ont mis une telle sauvagerie que, le croyant assommé, le sergent-major se tourne vers le tirailleur :

— C'est toi qui l'auras tué !... Tu auras gagné tes galons de caporal.

*
*   *

Le soir, seulement, la victime fut ramenée au camp. Ce n'était plus qu'une loque.

Cette loque lamentable, Giudicelli la fit déshabiller pour la mettre au « tombeau », ne lui laissant, malgré le froid, que son caleçon et sa chemise. Et, aux pieds et aux mains, il lui riva les pedottes et les menottes. Il serra à fond les vis. Les os craquaient. Le pénitentiaire eut un gémissement.

— Tais-toi ! hurla le sergent-major.

L'homme, d'une voix de souffle, murmura :

— Vous me tuez, chef... Vous m'assassinez !

Mais le chaouch, fou furieux, menaça :

— Te tairas-tu ?... ou je te fous une balle dans la tête !

Puis, féroce, les dents serrées, il grinça :

— Je te mets les fers, moi-même, pour être sûr que tu ne te sauveras pas !...

La neige ouatait le sol... Ramat fut étendu, presque nu, sur cette couche glacée. A côté de lui gisait un autre pénitentiaire, Bouchon, puni de cellule. Vingt-quatre heures ainsi passèrent.

Le lendemain soir, les deux hommes, toujours au « tombeau », étaient dans un tel état que le sergent des tirailleurs indigènes demanda à Giudicelli s'il ne conviendrait pas de coucher sous leur tente les pénitentiaires aux fers, et de placer auprès d'eux des sentinelles.

— Car, ajouta-t-il, il pourrait y avoir des morts, demain !...

— Fais comme tu voudras !... jeta le sergent-major, en allumant une cigarette.

On transporta sous les tentes Ramat et Bouchon et on leur enleva les fers des pieds. La peau vint avec. Bouchon, déjà dans le coma, se plaignit peu. Mais Ramat hurla de douleur. Longtemps, il se tordit sur le sol, pendant que les pénitentiaires battaient les toiles des tentes pour en faire tomber la neige amoncelée, dont le poids menaçait d'arracher les piquets.

Vers minuit, un appel retentit, lugubre :

— Chef de poste !... Un homme mort !...

On accourut. A la lueur des lanternes, on vit Bouchon, les traits révulsés, le corps déjà noir, raidi sur la terre gelée. Le cœur avait cessé de battre, le sang s'était glacé dans les artères...

Un peu plus tard, — après qu'on eut constaté officiellement le décès du pénitentiaire, — Ramat, lui, hissé dans un tombereau et jeté sur une paillasse, fut conduit à l'hôpital de Boghar. Il ne pouvait plus se tenir debout sur ses pieds, littéralement gelés. Les chairs étaient à vif aux chevilles. La gangrène les déchiquetait.

Il fallut lui couper les jambes, — la droite tout de suite, la gauche un mois après...

*
* *

Le ministre de la guerre, à qui, il y a quelque dix ans, j'étais allé dire toute l'ignominie de pareils faits, voulut bien les reconnaître exacts. Mais il s'étonna que je pusse m'apitoyer sur Ramat.

— Voyons !... me fit-il. On lui a donné une allocation de cinq mille francs... Et, chaque année, il touche un secours de deux cents francs !...

Eh ! oui, ce ministre d'une Démocratie trouvait que c'était là assez payer la perte des deux jambes à un pénitentiaire !... Il est vrai qu'on se montre rarement aussi large, au ministère de la guerre, pour les victimes des tortionnaires des bagnes militaires.

Désormais, pour un pénitentiaire qu'on assassine, on accorde, invariablement, à titre d'indemnité à la famille, une somme de deux mille francs... — en tout et pour tout !...

Hé ! hé !... là-bas, dans le bled... hé ! hé ! les bourreaux !... Pourquoi vous gêner ?... Allez-y !... Mais n'estropiez pas !... Tuez tout à fait !... Ça coûte encore moins cher !...

VII

« MAMAN !... MAMAN !... »

Eh ! oui... voilà comment, dans les bagnes militaires, les chaouchs se conforment à l'esprit des circulaires ministérielles. Car, — je me plais à le reconnaître, — les instructions morales pour les gradés des établissements pénitentiaires militaires débordent de sagesse et d'humanité.

Comme si, pour mettre fin aux horreurs des pénitenciers, il ne faut pas autre chose que des circulaires et des instructions, toujours inappliquées, — demeurées lettres mortes.

Tenez !... Une instruction morale de 1902 recommande aux gradés :

« Il est essentiel de ne pas détruire l'espérance, dont la notion doit être soigneusement maintenue, même dans les circonstances les plus critiques ».

L'Espérance !... Ah ! ouiche !... Les chaouchs ont plutôt la manière de la faire luire devant les malheureux placés sous leur coupe.

Dans ces singulières écoles de relèvement moral que sont les bagnes militaires, avant d'employer, vis-à-vis des hommes, le châtiment corporel des fers, essaie-t-on jamais d'user de bienveillance ?... Une « bonne parole » vient-elle jamais dissiper les nuages de leur esprit aigri, de leur conscience en révolte ?... Non. C'est toujours la grossièreté, l'injure, la provocation.

Et puis, encore en violation des règlements en vigueur, — et même des règlements anciens, — les chaouchs prolongent la mise aux fers des hommes durant des heures et des heures, voire des jours et des jours.

Et ceux qui subissent ce supplice sont torturés, parfois, avec une inhumanité si féroce que, — enquêtant au bagne de Douéra, — j'ai entendu un de ces malheureux, Blanchard, en appeler à la mort libératrice.

*

* *

Blanchard !... Haut comme une botte, mal poussé, comme de travers, triste produit d'un sang appauvri ou taré, il fut pris « bon absent », s'étant attardé à l'heure où se tenait le conseil de révision qui devait l'examiner... Et, du régiment, il s'en vint bientôt échouer au pénitencier de Douéra.

Tout de suite, il fut un souffre-douleur de choix. Le capitaine-commandant lui manifesta son antipathie, — une antipathie méprisante et haineuse d'homme fort et robuste, pourvu de gros poings, à l'égard d'un avorton.

A un de mes passages à Douéra, un 7 novembre, — je n'oublierai jamais cette date, — Blanchard était en cellule. Il y était depuis le 6 juin, pour avoir, n'en pouvant plus, refusé une besogne exténuante. Ses maigres bras étaient trop faibles pour manœuvrer la pioche et la pelle.

Comme ce jour-là il réclamait, le capitaine Garnier ordonna qu'il fût mis aux fers.

Déjà, il avait subi ce supplice le 8 juin et le 9 juillet.

Il était neuf heures du matin. On serra, par ordre, dans l'étau des pedottes et des menottes, les chevilles et les poignets décharnés du malheureux. On serra à fond, sans doute, car, tout de suite, Blanchard se mit à hurler, — à rugir sa souffrance.

De la cour, où il se promenait, attenante à son logement et séparée du bâtiment cellulaire par un long et large espace, le capitaine Garnier écoutait, semblant se complaire à cette musique d'horreur.

Des sanglots inarticulés, des appels de détresse : « A moi !... Assassin !... Achevez-moi ! » emplissaient de leur sonorité tragique le village dont les maisons se tassent autour du pénitencier.

Puis, par intervalles, ce cri suprême des tout petits, et de tous les êtres faibles qui souffrent :

— Maman !... maman !...

Les femmes, sur le seuil des portes, sentaient planer sur elles une épouvante ; et les villageois, qui passaient devant les murs inviolables de la geôle mystérieuse, s'arrêtaient dans une angoisse d'interrogation.

Tout à coup, le même grand cri encore retentit... mais déchiré... comme un râle suprême de bête qu'on égorge :

— Ma...à...à...man !...

Puis, plus rien... le silence... Un silence plus angoissant, peut-être...

Pour le faire taire, ses bourreaux lui avaient mis le bâillon !

Le bâillon ?... C'est un morceau d'étoffe, un mouchoir, un objet quelconque, que l'on enfourne dans la gorge. Et, pour le maintenir, on passe ensuite dans la bouche, à la façon d'un mors, une pièce de bois, un bout de manche à balai, que, par deux cordes, on attache derrière la nuque.

Haletant, la respiration arrêtée, les veines du front gonflées à

clater, les muscles révulsés, le bâillonné suffoque bientôt, dans
l'étouffement de sa protestation...

Et, le lendemain, c'est-à-dire le 8 novembre, sur le cahier de
punition du pénitencier — ceci, c'est du document — le tortionnaire en chef, le capitaine Garnier, portait :

« Blanchard, trente jours de cellule de plus, pour avoir chanté
à tue-tête, hier, dans sa cellule. »

Parbleu !... Ne convenait-il pas de châtier ce détenu qui avait
osé souffrir tout haut sous la cruelle morsure des fers, — et qu'on
avait entendu du dehors ?

Et cet avorton, ce soupçon d'homme, comme s'il pouvait être
un danger pour ses bourreaux, demeura des mois et des mois dans
l'horreur sombre de son étroite geôle, — où son corps diaphane
semblait être un de ces prisonniers de cire que les musées forains
offrent en pâture à la curiosité apitoyée des foules. Il n'impor-
tait !... Le capitaine Garnier n'abrégea pas d'une heure le supplice. C'était un homme de principes. Il en avait un, du moins,
dont il n'y avait pas encore eu d'exemple qu'il se fût départi : il ne
graciait jamais...

*

* *

Je vois et j'entends encore, sur le pas de sa porte, où elle prenait le frais, au soir de cette journée d'épouvante, cette vieille
femme du peuple, me disant :

— Vous me croirez peut-être... Tant que mon fils a été soldat,
je n'ai cessé de trembler pour lui... C'était pourtant un bon gars,
plein de cœur... Mais la tête un peu chaude... Je peux dire que je
m'en suis fait... Dieu du ciel !... Je me mangeais les sang... Dame !
mon petit, je n'avais plus que lui sur terre... N'empêche que je
l'aurais mieux aimé mort... que de le savoir là dedans !

Et, du poing, comme le menaçant, elle me montrait le pénitencier — dont les murs, là tout près, se dressaient, abritant l'angoissant mystère d'effroyables agonies. Et, au-dessus, la lumière
douce, argentée, de la lune qui s'était levée, étendait comme un
immense suaire.

Machinalement, je m'avançai comme pour chercher des yeux,
au fronton du pénitencier, l'inscription tracée par le Dante au-dessus des portes de son enfer : « Vous qui entrez ici, laissez toute
espérance ! »

VII

LE « DOMPTEUR »

Ce n'est point d'ordinaire, à la « portion centrale », c'est-à-dire dans les pénitenciers, qu'il faut chercher les actes d'arbitraire et de cruauté. Là où se trouvent des officiers supérieurs, là où le haut commandement, peut exercer une efficace surveillance, la férocité des chaouchs ne peut guère s'exercer.

Mais, par delà les régions désertiques et désolées, qui entourent les principaux centres militaires d'une ceinture de solitude et de silence, des détachements sont cantonnés, où toute latitude est laissée aux sous-officiers de torturer les disciplinaires sous leur coupe. Et j'en ai acquis la preuve, au cours de mon enquête, en visitant le détachement de Djenan-ed-Dar, où l'on envoyait de Béni-Ounif, pour y subir leur peine, les hommes punis de prison et de cellule.

Le long de la route, à peine tracée, qui mène à Djenan-ed-Dar, se hâtait, sous la garde d'un caporal, revolver au flanc, un disciplinaire. Le « bled », là, est parsemé de cailloux noirs, aigus, coupants : à droite, une montagne ravinée, un chaos de roches ; à gauche, l'immensité morose du désert, où ne croît pas une tige de « diss », — pas même un chardon...

Une ligne grisâtre, au septième kilomètre, rompt la monotonie de cette désolante solitude : c'est une redoute. En contre-bas, à quelque distance, des baraquements ont été élevés, qui avaient hospitalisés autrefois des soldats de la légion étrangère, et où se trouvaient casernés des disciplinaires.

De loin, j'avais emboîté le pas aux deux hommes.

Ils s'arrêtèrent devant la porte principale des baraquements, et le caporal contourna le mur pour — par une poterne ouvrant sur un des côtés — aller prévenir le despote de détachement : le sergent Ibarne.

Bientôt, un grincement déchira le silence : les lourds vantaux s'écartèrent, et le sous-officier parut sur le seuil. Il fit un signe. Le disciplinaire s'avança. Il pénétra dans une cour carrée, attenante aux cellules.

— Pas gymnastique, face au mur !... hurla le chaouch.

L'homme s'élança, les coudes au corps, et alla prendre la position indiquée.

Il lui fallut alors poser son sac, se mettre à nu et demeurer ainsi, pendant que le chef du détachement procédait à une fouille minutieuse de ses effets.

Puis, la fouille terminée, le sergent interrogea :

— Le motif de votre punition ?...

En même temps, devant l'homme, il s'était dressé. Et, la moustache ébouriffée, les yeux hors de la tête, — au poing, un nerf de bœuf, — il donnait au disciplinaire ce qu'il appelait « ses instructions » :

— Ici, vous entendez, je suis le maître... Vous savez que vous êtes rentré, vous ne savez pas quand vous sortirez !

« Vous pouvez écrire au lieutenant, au capitaine, au général, au ministre, au pape, si vous voulez, vous ne vous en irez que lorsque je le voudrai !

« Maintenant, je vous préviens que tous mes ordres doivent être exécutés au pas gymnastique, le menton plus haut que le nez !...

« Quand j'ouvrirai, pour quoi que ce soit, la porte de votre cellule, vous devrez courir au fond, face au mur, dans la position du garde à vous, les bras allongés, les mains ouvertes, la paume en dehors et la tête le plus haut possible.

« Je vous défends de jamais lever les yeux sur moi. Un misérable comme vous ne doit pas regarder un sergent. Si vous le faites, je croirai que vous me menacez, et je ferai usage de mes armes. »

*
* *

A chaque fois qu'une victime nouvelle lui était amenée, le chaouch prononçait ce même discours, d'une voix coupante, dure, métallique. Et il ajoutait à la cruauté de chacune des phrases en la ponctuant d'un coup de nerf de bœuf...

Puis, l'homme revêtait de vieux effets de la légion étrangère, — des loques sordides, tachées, trouées, déchirées, sans boutons. Et on le conduisait en cellule — il y en avait, là-bas, cinq ou six — sous les quolibets et les coups.

La cellule !... A Djenan-ed-Dar, c'était un petit réduit carré, obscur, crépi à la chaux. Pas de bas-flanc. On couchait à même le sable. Un tuyau de tôle perçait le toit, pour assurer l'aération.

Et, brutalement poussé dans cette sorte de trou, le disciplinaire, tout de suite, endurait un nouveau supplice.

Les jambes écartées, l'accent gouailleur, le nerf de bœuf toujours menaçant, le chaouch faisait « manœuvrer » l'homme.

— Sortez !... Plus vite que ça !... Rentrez !... Sortez !... Rentrez !... Sortez !...

Essoufflé, les coudes collés aux flancs, trébuchant, vacillant, le disciplinaire devait exécuter au pas gymnastique ces commandements réitérés, lancés coup sur coup. Et, à tout instant, son zèle était excité par une cinglée en plein visage, sur le dos, sur les cuisses, — partout où pouvait atteindre le tortionnaire.

— Rentrez !... Sortez !... Rentrez !... Sortez !...

Puis, tout à coup :

— Allons !... allons !... Mais vous vous arrêtez !...

Parfois, la rage au cœur, les ongles mordant en pleine chair des paumes, la victime, interloquée, balbutiait :

— Non, sergent... je ne m'arrête pas...

Le chouch, alors, devenait furieux :

— Vous répondez !... Vous aurez huit jours de cellule de plus !...

Et il ponctuait l'énoncé de sa punition d'une flagellation nouvelle.

Il y a eu des résistances, des révoltes, des exaspérations folles. Des hommes ont rendu outrage pour outrage. Mais que pouvaient-ils faire ?...

— Tant pis pour vous !... grinçait le bourreau.

Car jamais il n'hésita à faire passer un homme au conseil de guerre, et les juges militaires d'Oran — les disciplinaires le savaient bien — étaient impitoyables !...

Et puis à Djenan-ed-Dar, la torture des coups, de la cellule et des fers était encore aggravée par la torture de la faim.

*
* *

Deux fois par jour, — je les ai vus de mes yeux et, quotidiennement, deux ou trois cents hommes de la Légion étrangère, casernés à la Redoute, s'indignaient devant ce même spectacle, — à dix heures du matin et à cinq heures, les disciplinaires sortaient pour la soupe.

Ils traversaient, pauvres automates créés par un effroyable régime de cruauté et d'arbitraire, les quatre cents mètres qui séparaient leurs baraquements de la Redoute. A dix mètres des cuisines, ils s'arrêtaient brusquement et, après avoir salué le chaouch, en se découvrant, posaient à terre leurs gamelles vides et venaient se ranger, face au mur...

Ils demeuraient là, immobiles, raidis, comme figés, pendant qu'on préparait les rations.

Le sergent passait alors sur les rangs et, s'il estimait que les têtes ne fussent pas suffisamment levées, — il fallait que la nuque fît angle droit avec l'épine dorsale, — d'un coup de son nerf de bœuf, il remontait le menton.

Puis, à un ordre bref, les hommes faisaient demi-tour, ramassaient les gamelles pleines et, au pas gymnastique, repartaient vers leurs baraquements.

Les balancements, les heurts, les chocs de la course, faisaient se répandre la plus grande partie du bouillon.

Ibarne, alors, en un ricanement, lançait :

— Accélérez !... Accélérez !...

C'était une galopade effrénée. Et, les hommes, rentrés au cantonnement, les gamelles s'étaient vidées à fond.

La faim tenaillait les entrailles ; la folie, lentement, montait aux cerveaux... Tant pis !

Indifférent, le sergent Ibarne continuait à assurer le respect de la discipline...

On l'appelait « le dompteur ». Et il tirait vanité de ce sobriquet. C'était sa gloriole, à ce chaouch.

Un autre garde-chiourme lui rendait-il visite, orgueilleusement, il lui disait :

— Viens voir mes pur sang !...

Son nerf de bœuf en main, il ouvrait les portes des cellules et faisait sortir les prisonniers. Il les rangeait tous dans la cour. Puis, il commandait une série de mouvements que le règlement n'a pas prévus :

— Sautez !... Hop !... Sautez !... Hop !...

Et chaque ordre était accompagné d'un coup.

*

* *

A ce régime, les disciplinaires du détachement de Djenan-ed-Dar usaient vite ce qui leur restait de forces et de santé...

Toutes les nuits, d'ailleurs, leur féroce garde-chiourme procédait à d'incessants contre-appels.

Il se précipitait brusquement contre les portes des cellules qu'il martelait à coups de crosse de revolver. Et il fallait que le prisonnier répondît :

— Un tel, présent, sergent !...

Affamés, roués de coups, les hommes en cellule ne pouvaient supporter longtemps leur inimaginable torture. Alors, on les expédiait sur l'hôpital d'Aïn-Sefra, où, un jour, j'ai vu arriver deux de ces misérables, que, hâtivement, à la gare, on avait chargés sur une prolonge.

Ce n'étaient plus des hommes. C'étaient des formes humaines, hâves, maigres, émaciées.

L'un, étendu au long du chariot, dans l'immobilité de la mort, semblait ne plus avoir la force même de respirer. Ses yeux seuls lui donnaient l'apparence de la vie.

L'autre, qui pouvait encore s'asseoir, s'affaisser plutôt, érigeait, sur un torse squelettique, un visage au teint jaunâtre, cireux...

Et, dans leur regard à tous deux, c'était comme une même angoisse, un même effroi, qu'on ne les renvoyât vers de nouveaux châtiments, — vers de nouvelles tortures.

Ceux-là n'avaient guère fait qu'un mois de cellule. C'était là le temps maximum pendant lequel un disciplinaire pouvait supporter le régime de Djenan-ed-Dar.

Il fallait, alors, le transférer à l'hôpital d'Aïn-Sefra et le faire soigner d'urgence, — de peur de le voir mourir...

IX

POUR « ACHETER UNE PIPE »

Dans la solitude du bled, dans l'obsession du toujours morne paysage, sans autres compagnons que les malheureux, condamnés, comme eux, à des humiliations et des tortures quotidiennes, les pénitentiaires subissent tôt une sorte d'affaissement moral.

Et, devant l'impossibilité presque absolue de la fuite, ils ne tardent pas à sentir poindre en eux l'idée d'un changement de milieu, — à n'importe quel prix et sous n'importe quel prétexte.

C'est comme une folie que les aliénistes pourraient classer. C'est la « phobie » de la vie aveulissante qu'ils mènent et dont l'horizon est borné par la « pelote », la « caïda », le « tombeau », les fers, — et le conseil de guerre. Et il arrive un moment où les plus courageux, démoralisés, cherchent, dans un acte désespéré, le moyen de s'arracher à leur existence de forçats.

Souvent, ils se mutilent. J'ai vu, à Aïn-Sefra, un disciplinaire qui portait à la jambe une blessure affreuse. Il se l'était faite en se coupant à l'aide d'un tesson et en bourrant dans la blessure béante de la terre chargée d'impuretés. Ailleurs, un autre, d'un coup de hachette, s'était coupé un doigt. Et, ces dernières années, au camp marocain de Dar-bel-Hamri, on ne comptait plus les mutilations de toutes sortes.

Mais le conseil de guerre est le moyen le plus communément

employé par les pénitentiaires pour changer d'enfer, pour respirer une autre atmosphère.

Et ils sont aidés en cela par les chaouchs, trop heureux de l'aubaine d'un voyage d'agrément sur le littoral.

De là, parfois, une sorte d'entente bizarre entre les bourreaux et la victime : celle-ci souhaitant s'en aller au plus vite, ceux-là cherchant, en la faisant condamner selon son désir, à s'évader quelques semaines de la lourde monotonie du bled, pour jouir un peu des bas plaisirs des faubourgs des grandes cités africaines.

Et puis, si la voie de fait sur un supérieur est punie de mort, il ne manque pas de délits, moins graves, qui motivent la comparution devant le conseil. Il y a la lacération volontaire ou la dissipation d'effets, le bris de clôture, le refus d'obéissance, — que sais-je encore ?...

Donc, si un disciplinaire consent à se laisser mettre en prévention de conseil, sous un prétexte futile, il est l'objet, au cours du voyage, de la part des gradés, qui profitent de la « balade », d'une foule d'attentions délicates. On ne lui ménage ni le pinard, ni le tabac.

Pourtant, malgré tout, les pénitentiaires, si déprimés, si aveulis qu'ils soient, le plus souvent repoussent les promesses, renâclent aux invites. Les chaouchs, alors, s'arrangent pour en faire « tourner » un.

A Méchéria, durant une corvée, un chaouch, en quête d'une victime, avait visé le disciplinaire Merlin et commencé, sur lui, un feu roulant d'ordres réitérés et contradictoires :

— Cessez le travail ! Prenez la pioche ! Posez-la ! Prenez la pelle ! Chargez cette brouette ! Arrêtez-vous ! Courez ! Garde à vous ! Saluez-moi ! Reprenez la pelle ! Cessez ! Prenez la pioche !...

Il escomptait un refus d'obéissance, — cas de conseil. Cependant, la rage au cœur, comprenant où le chaouch voulait en venir, Merlin se montrait d'une docilité déconcertante. Et, à chaque fois qu'un commandement nouveau l'atteignait comme un boulet en pleine poitrine :

— Mais comment donc !... grimaçait-il. Trop heureux, sergent, de vous être agréable !

Et, sautant, cabriolant, comme un clown, au grand amusement de la corvée, il changeait le drame en vaudeville.

*
* *

Hélas ! tous les pénitentiaires ne sont pas de cette trempe. C'est là-dessus que comptent les chaouchs.

Et puis, ils ont deux moyens infaillibles, et devenus classiques, d'amener l'homme à « tourner ».

A la distribution des objets de couchage, le gradé jette à un disciplinaire une couverture déchirée, loqueteuse. Il proteste. Il lui est répondu par des sarcasmes. L'homme s'exaspère et riposte sur le même ton. C'est l'outrage et la mise en prévention de conseil.

L'autre moyen, c'est la gamelle percée d'un trou sur le côté. Le disciplinaire observe que le bouillon fuira et qu'il ne pourra avoir sa ration. Et comme ses protestations se brisent contre l'indifférence ricanante du sergent, à bout de patience, il lui lance la gamelle à la figure. Cette fois, c'est le motif corsé, c'est la voie de fait.

Et, toujours, deux autres gradés sont là comme par hasard, assistent à la scène, prêts à témoigner. Car, eux aussi, ils doivent être de la « balade ».

Tenez !... un avocat de Tunis me confie :

— J'ai longuement interrogé, au parloir de la prison militaire, « les malheureux soldats qui ont fait un séjour dans un péniten-« cier. Tous m'ont affirmé que les souffrances endurées dans ces « établissements étaient terribles.

« Ils assistent, parfois, au triste spectacle d'un sous-officier « qui, pour faire un voyage à Tunis, n'hésite pas à pousser un « homme à bout pour le mettre dans un cas de conseil de guerre. « J'ai vu des sous-officiers des postes du Sud venir en témoignage « ici, jusqu'à six fois dans un an, obtenant ainsi de trois à quatre « mois de permission et des taxes fort élevées. »

Parbleu ! oui... Les chaouchs se donnent de la liberté, en faisant litière de celle des pénitentiaires qui, à chaque fois, devant les juges militaires, écopent de nouvelles années de prison. Mais encore, touchant à plein gousset, pour aller « faire tourner » leurs victimes et les accabler sous de faux témoignages, ils se gobergent et ripaillent aux frais de la Princesse !...

— Mais, objectera-t-on, pourquoi l'avocat ne dénonce-t-il pas aux juges ces agissements odieux ?

Pourquoi ?... Oh ! c'est bien simple. Oyez plutôt :

— Quand on signale ces abus au conseil de guerre, les juges « militaires haussent les épaules et, faute de preuve, il vaut mieux, « dans l'intérêt de l'inculpé, se taire. »

Voilà !...

J'ai vu, à Douéra, le chaouch Cazenave qui, lui, en cinq mois, avait fait « tourner » cinq pénitentiaires. Je sais, aussi, un détachement de disciplinaires où, sur soixante hommes, en deux mois, vingt-huit sont passés au conseil !...

DÉTENU ATTACHÉ A LA CRAPAUDINE SOUS LE « TOMBEAU »

ÉVASION DE ZIMMER ET ROBIN

D'ailleurs, les gardes-chiourmes ont inventé un euphémisme charmant pour indiquer qu'ils sont appelés en témoignage au conseil de guerre. En Oranie, ils goguenardent :

— Je m'en vais aller « acheter une pipe » à Oran.

Pour les chaouchs des autres provinces ou de la Tunisie et du Maroc, la phrase est la même, seul varie le nom de la ville où se réunit le conseil de guerre : Alger, Constantine, Tunis ou Casablanca.

Leur grande préoccupation, lorsqu'ils s'écrivent, est de savoir « si tout marche à merveille », c'est-à-dire s'ils peuvent torturer en rond, et si les hommes qu'ils ont fait mettre en prévention de conseil de guerre, y passeront bien. Car ils redoutent toujours qu'une ordonnance de non-lieu vienne leurrer leur attente, retarder la « balade », — et que ce soit à recommencer avec un autre.

Témoin ce billet que le sergent Harispuru, alors en détachement à Sidi-Okba, faisait tenir à son copain, le sergent Perraldi, détaché, lui, à Oumache :

« Je t'écris ces quelques mots pour savoir si tu n'avais rien su
« pour l'affaire Rossignol ; ça m'étonne beaucoup qu'on n'a encore
« rien su, peut-être qu'il a eu une ordonnance de non-lieu.

« Il me tarde de faire une petite balade à Constantine. Il fera
« froid, mais ça n'y fait rien, on rigolera bien.

« Je te la serre cordialement.

« HARISPURU. »

Cette lettre est topique.

Evidemment, Rossignol était encore un de ces pauvres diables qu'on avait fait « tourner », et les chaouchs attendaient, impatients, la « petite balade » à Constantine.

C'est que, dans le bled, la hantise les tenaille d'aller à la ville, se vautrer dans les souleries des cafés interlopes et les voluptés tarifées des lupanars.

Parfois, il leur arrive de jouer aux cartes, entre eux, pour savoir à qui écherra la chance de faire « tourner » un pénitentiaire.

— Passez-moi la rhubarbe, je vous passerai le séné ! dit un des médecins de Molière.

Les chaouchs des bagnes militaires, eux, se passent mutuellement des vies humaines !...

X

LA HAINE DE RACE

Perpétuellement, au camp ou en corvée, les pénitentiaires sont sous la menace des tirailleurs indigènes qui, fusil chargé et baïonnette au canon, n'attendent que l'occasion de manifester, une fois de plus, leur instinct sanguinaire.

Cette occasion, ils ne l'ont que trop souvent. Car, exaspérés par les traitements inhumains dont les abreuvent les chaouchs et leurs farouches gardiens, les détenus ne cherchent qu'à échapper à la géhenne africaine, — à s'enfuir loin de cet enfer.

Mais, chaque fois, ils trouvent, au lieu de la liberté, la mort sous les balles des sentinelles.

Dans la solitude du bled se déroule un nouveau drame de la discipline.

Que de cadavres français ont ainsi faits les gardes-chiourmes indigènes !... D'autant que l'autorité militaire, monstrueusement, tisonne leur férocité et les pousse au crime par l'appât du droit à l'avancement, à chaque fois qu'ils assassinent un pénitentiaire... Et le galon, qui rougit la manche des premiers soldats ou des caporaux indigènes, a, le plus souvent, été tracé avec du sang.

Ils tirent sur les disciplinaires, comme ils tireraient sur des lapins. Et ils ne les ratent jamais. Alors que, comme par hasard, ils manquent toujours leur coup, quand ils couchent en joue un Arabe comme eux. Témoin — entre tant d'autres — le bandit El Malrouk ben Chenouf qui, dans la région de Sidi ben Nour, où il rançonnait et terrorisait les populations, trouva, récemment, une mort tragique dans la fusillade qu'amena sa prise, de haute lutte, par les gendarmes. Celui-là, détenu au pénitencier de Téboursouk, pour désertion en Syrie devant l'ennemi, avait pu, pour « prendre la brousse », passer sans danger aucun à travers le tir de barrage, à dessein mal réglé, des sentinelles indigènes.

Oh ! mais, oui, en revanche, avec quelle haine s'acharne sur les autres, — sur les « roumis » — leur sauvagerie meurtrière !... Comme si, en les tuant, ceux-là, ces musulmans fanatiques croyaient faire œuvre pie et mériter le paradis de Mahomet !...

Au détachement de Saint-Maur, le 8 avril de l'année dernière, le disciplinaire Marche, pour chercher du bois, était sorti du camp sans se cacher et en terrain découvert. Il voulait si peu se sauver qu'à une balle tirée sur lui, sans l'atteindre, par une sentinelle, il avait tout de suite rebroussé chemin et, les bras en l'air, visiblement il revenait sur ses pas... Tous les pénitentiaires que, dans l'effroi d'un drame, le bruit de la sinistre détonation avait fait, en bousculade, se masser en avant des tentes, désormais rassurés, le regardaient venir à eux... mais voici que, soudain, retentissait un deuxième coup de fusil, pendant que Marcho, comme une masse, s'effondrait face au camp... C'était une autre sentinelle chargée, elle aussi, d'exercer la discipline à longue portée, qui, après avoir attendu le bon moment et pris son temps pour bien viser, l'avait abattu — tué raide...

Le crime était flagrant !... N'empêche que, dès le lendemain, le Parquet, venu sur les lieux, à fin d'enquête, décidait de classer l'affaire. De tous les détenus, témoins de la scène tragique, les magistrats n'en avaient interrogé aucun. D'entendre les chaouchs, cela avait suffi, pleinement, à leur édification : « l'homme avait été tué, alors qu'il s'évadait ». Et, s'il était tombé, comme s'en revenant vers le camp, pardi ! c'est que la balle qui l'avait atteint l'avait fait se retourner dans un spasme !

Et voilà !...

Aujourd'hui comme hier, dans les bagnes militaires, c'est toujours ça, la Justice !...

Et, dans les souvenirs horrifiques que j'ai gardés de ma descente dans ces enfers africains, ressuscite brusquement l'évocation d'un autre assassinat, — double celui-là et plus atroce encore, — qui eut pour théâtre le camp de Zériba, en Tunisie.

*
* *

Un jour, sous le grand soleil de midi, un Arabe arrivait à la gare de Béja. Il conduisait une charrette de location — un mauvais « Araba » — sur laquelle étaient chargés deux singuliers paquets.

L'indigène déposa l'un près de l'autre, dans la salle des pas perdus de la petite station, sur un banc, ses deux colis. Puis là, à l'ombre, il s'accroupit pour souffler un peu.

Il s'apprêtait à repartir, et déjà il franchissait la porte, lorsque survenait le chef de gare dont, tout de suite, le regard s'était porté et fixé sur les étranges paquets. Autour, des mouches commençaient à bourdonner ; et des gouttes rouges avaient filtré, faisant sur le plancher d'inquiétantes taches.

Vite, il héla l'Arabe !

— Hé ! toi, là-bas !... Qu'as-tu mis là ... Arrive voir un peu par ici !...

Puis, ayant soulevé une loque de couverture jetée sur les

colis, il recula d'horreur. C'étaient des cadavres, des cadavres de pénitentiaires, qu'avait déposés là l'indigène.

Une fois de plus, la garde-chiourme venait de commettre deux assassinats.

L'Arabe expliqua, en effet, qu'il arrivait du camp de Zériba, à quinze kilomètres de Béja ; que des sous-officiers lui avaient confié le soin d'amener à la station les deux colis... Il n'en savait pas davantage.

— Possible !... Mais remmène-les !... décida le chef de gare, que cette aventure macabre affolait.

Impassible, l'Arabe les rechargea sur son « araba » et reprit le chemin de Zériba.

Dans la soirée, il revint avec ses deux cadavres ; mais, cette fois, il était accompagné d'un chaouch qui fit le nécessaire : c'est-à-dire qu'il commanda deux cercueils.

On y plaça les corps, qui furent ainsi expédiés à Medja, puis à Téboursouk, où on les inhuma...

Et ce qui ajoute à l'horreur de ce double crime, c'est qu'il a été commis dans des conditions inouïes de cruauté — de férocité.

Les victimes, Zimmer et Robin, éreintés d'une dure corvée, se reposaient sous une tente. Ils ne semblaient pas pouvoir se livrer à une tentative d'évasion ; et les chaouchs, cessant un moment de les surveiller, prenaient du bon temps.

Mais, tout à coup, un cri éclata :

— Ils s'évadent !

Oui, Zimmer et Robin, las de la captivité, las des incessantes tortures qu'on leur infligeait, avaient profité de la trêve que leur laissait l'inattention momentanée des gardes-chiourmes et s'étaient mis à courir vers le désert — vers la liberté.

Hélas ! à peine s'étaient-ils éloignés que, déjà, les tirailleurs étaient à leurs trousses, le fusil au poing. Vainement, dans la brousse sauvage, ils bondirent, haletants, sentant à leurs talons la meute enragée des indigènes qui, de plus en plus, se rapprochait. Vainement, ils déchirèrent leurs pieds aux cailloux du bled. Vainement, ils franchirent les buissons, enjambèrent les touffes d'herbe éparses çà et là.

A tout instant, de chaque butte de terre ou de sable, surgissait un nouvel ennemi.

L'autorité militaire paie, en effet, une prime à tout Arabe qui ramène un pénitentiaire évadé. Et tous les indigènes d'un douar voisin s'acharnaient sur la piste des deux fuyards. L'espoir de toucher les trente deniers mettait des ailes aux talons des moins agiles.

Bientôt, Zimmer, à bout de souffle, les tempes bourdonnantes, se rend compte qu'il ne peut échapper. Il a vu luire au soleil le métal des fusils, et il s'aplatit sur le sol, criant :

— Je me rends !...

Robin, lui, plus robuste, fuit toujours... Il court, comme devaient courir, naguère, dans les savanes américaines, les nègres marrons pourchassés par les chiens des planteurs. Il court désespérément, et inutilement.

Inutilement, oui, certes, car une décharge le crible, l'abat, mort, le corps troué — transpercé de part en part.

Et, sur ce cadavre encore pantelant, les indigènes, à coups de matraques, à coups de crosses — les traces ont été relevées à l'autopsie — assouvissent leur haine de race.

*

* *

Cependant, devant Zimmer, couché sur le sol, un tirailleur s'était arrêté.

— Grâce !... Je me rends !... suppliait le pénitentiaire.

Le soldat indigène devait, légalement, se borner à mettre la main sur cet homme qui tendait de lui-même ses poignets aux entraves. Mais non, il lui fallait du sang.

— Grâce... macache !... grommela-t-il.

Puis, froidement, il épaula et tira.

La balle entra par le pied, traversa successivement la cuisse et le côté gauche et alla ressortir par l'épaule droite.

Malgré ses horribles blessures, Zimmer vivait et respirait encore. Que faire de ce moribond et du cadavre de Robin ?

Leurs bourreaux n'hésitèrent pas. Ils les hissèrent sur un « araba », réquisitionné, et ordonnèrent à un indigène de les transporter à la gare de Béja. On sait le reste.

Zimmer, dont la souffrance était atroce, avait dû subir, par surcroît, cette autre torture morale : l'horreur d'être véhiculé ainsi agonisant... étendu tout au long d'un cadavre... Il avait expiré en cours de route...

Le Destin avait décidé sans doute qu'ici, en France, deux mères encore pleureraient...

XI

JUSTICE !...

Marc Pinel, depuis deux mois environ, était à Béni-Ounif, à la section spéciale. Et il dirigeait ses efforts vers ce but unique :

sortir au plus vite de là dedans. Pour cela, il était décidé à tout supporter, à tout accepter sans mot dire.

Mais l'on devait bientôt terriblement tromper son attente, leurrer ses espérances.

Un jour, il travaillait au terrassement de la route qui va de Béni-Ounif à Figuig. Le labeur était rude. Il devait porter de la caillasse, dans une brouette, aux hommes chargés de l'empierrement. Et, interminablement, l'échine en deux, il allait et venait, des tas de cailloux aux empierreurs.

Survint le chaouch Tingot. D'un œil narquois, il se mit à suivre le va-et-vient du disciplinaire. Puis, tout à coup :

— Vous n'allez pas assez vite !... goguenarda-t-il.

Et il se campa sur le passage de l'homme, talonna sa marche, bourdonna en taon impitoyable autour de ses tempes où la sueur coulait.

— Courez !... le harcela-t-il enfin.

C'était là une chose matériellement impossible... Comment courir dans le bled, en poussant devant soi une brouette de caillasse !...

Doucement, le disciplinaire, afin de montrer sa bonne volonté, proposa au gradé :

— Donnez-moi deux brouettes. Pendant qu'on chargera l'une, je transporterai l'autre... Il n'y aura pas ainsi de temps perdu.

Le chaouch fronça le sourcil, examina l'homme avec méfiance, mais ne souffla mot. D'ailleurs, c'était l'heure de la soupe...

L'après-midi, on revint à la corvée. Le gradé était là, une ironie mauvaise aux lèvres. Dès que Pinel eut pris sa brouette chargée, pour la conduire aux empierreurs, d'un ordre sec, il l'arrêta :

— Cessez le travail !...

L'homme eut un sursaut de révolte. Car il avait compris le dessein du chaouch. Pourtant, il parvint à se contenir, et il lâcha les brancards.

— Garde à vous !... lui fut-il commandé.

Cette fois, il n'obéit pas, et il reprit son fardeau.

— Cessez le travail !... Garde à vous !...

Trois fois de suite, ce furent les mêmes ordres. Et, trois fois de suite, l'âme en émeute, la conscience hérissée, le disciplinaire laissa sa brouette, pour la reprendre aussitôt, s'obstinant à ne pas se mettre au « garde à vous ».

— Allons ! c'est suffisant. Votre compte est bon...

Et le chaouch, ayant appelé deux goumiers, fit placer l'homme entre eux et leur commanda de le conduire au camp. Là, on l'accueillit en lui infligeant huit jours de prison. Et il fut remis à la garde de goumiers, chargés de l'emmener à Djenan-ed-Dar.

*
* *

Ce fut le sergent Ibarne qui reçut Marc Pinel. Il était en compagnie d'un sergent des bataillons d'Afrique. Et, tout de suite, les deux gradés le firent entrer dans la cour des locaux affectés à la discipline. Puis Ibarne saisit un bâton, dans une encoignure.

Sans mot dire, l'homme marchait vers le mur, en face, pour y prendre la position d'usage du garde à vous. Soudain, il se sentit frappé d'un coup terrible entre les omoplates... Il se retourna. Le bourreau de la discipline était là, le gourdin encore levé.

— Vous vous trompez certainement, sergent.

Et il le regardait dans les yeux.

Un rire sardonique, collé à ses mâchoires serrées, le chaouch, sournois, rétorqua :

— Mais non, mon ami. Allez donc, je ne vous dis rien.

Interloqué, le disciplinaire reprit sa marche. Mais, à peine avait-il fait un pas, qu'un second coup s'abattit sur son dos. Puis un troisième, un quatrième, et — comme si le tortionnaire, à chaque fois qu'il frappait, eût été atteint d'une rage nouvelle, — ce fut bientôt une bastonnade qui, en grêle, endolorit et meurtrit les chairs.

Cette fois, une colère furieuse secoua l'homme. Un nuage passa, rouge, devant ses yeux. Il se retourna et, sans parole, en une ruée irrésistible, comme un fauve traqué, il bondit sur Ibarne.

Le tortionnaire avait chancelé sous le choc et, déjà, des poings fermés, sa victime commençait à lui marteler la face, quand tout à coup, elle roula, suffoquée.

Avec une rapidité et une adresse toutes professionnelles, le sergent des Bat' d'Af avait jeté autour du cou du disciplinaire sa longue ceinture de laine bleue et lui avait fait le « coup du père François ».

Et, tandis que l'homme râlait à demi, les deux brutes, sauvagement, sautèrent sur lui et, à coups de talons, à coups de nerf de bœuf, le frappèrent sur la tête, sur le corps, partout où ils purent atteindre. Puis, tout en sang, les côtes enfoncées, pantelant, ils le plongèrent dans un bassin-lavoir, lui maintenant la tête sous l'eau, jusqu'à ce qu'il fût à demi asphyxié. Alors, inerte, ils le jetèrent, comme un paquet, sur le sable nu d'une cellule.

Dans la soirée, ses bourreaux songèrent à voir ce qu'il était devenu. Il était dans un tel état que, le prenant par les pieds et par la tête, ils le transportèrent sur un lit, dans une chambre.

Là, Ibarne prit la parole.

— Donc, lui dit-il, il paraît que j'étais la victime désignée. Vous n'aviez pu tuer le sergent Tingot. Mais il vous fallait la peau d'un gradé et c'est moi que vous aviez choisi. C'est pour cela, sans doute, que vous cachiez un couteau dans votre poche. Eh bien !... vous allez m'écrire tout cela et signer.

Et comme, épuisée, sa victime ne répondait pas, il reprit :

— Il faut dire la vérité, mon ami, ou sinon nous allons recommencer. Et... vous voyez ce puits...

Il montrait, par la fenêtre, un puits à proximité des bâtiments.

— Vous voyez ce puits... Il y en a déjà deux là dedans... Vous, vous ferez le troisième... Et, comme les autres, vous passerez pour vous être suicidé.

C'était un mensonge... Le puits n'avait jamais reçu de cadavre. Mais le masque des deux gradés revêtait une expression si implacablement sinistre, que la peur mordit l'homme aux entrailles. Faiblement, il acquiesça :

— Donnez, je signerai...

Sous la menace du nerf de bœuf, il écrivit tout ce que lui dicta Ibarne. Puis il signa. C'était sa mise en prévention de conseil de guerre.

Réintégré dans sa cellule, là, pour la première fois de sa vie, peut-être, il pleura...

Le lendemain, il supplia ses bourreaux d'appeler un médecin.

— Le major ?... le voici !...

Et Ibarne, ayant brandi son nerf de bœuf, l'exhibait, l'agitait menaçant sous le nez de l'homme.

Pourtant, on donna quelques soins à Marc Pinel. On le massa et on le doucha avec une touque, — un bidon de pétrole vide. Pendant huit jours, on le soumit à ce traitement.

Les chaouchs agissaient ainsi non par humanité, mais parce qu'ils craignaient les effets de leur férocité. Et, pour qu'il ne comparût pas, à Oran, devant les juges du conseil de guerre, en trop piteux état, ils poussèrent l'hypocrite condescendance jusqu'à lui apporter quelques tasses de bouillon. Ils goguenardaient alors, lui disant qu'il devait s'estimer heureux d'avoir des chefs doux, humains et généreux.

— Dame ! soulignait Ibarne, vous avez plutôt de la veine, vous !... Aussi, dépêchez-vous de passer au conseil. Nous avons hâte de faire avec vous un petit tour à Oran.

Cependant, on instruisait le procès du disciplinaire. Mais

son état de faiblesse était tel qu'il dut demeurer encore vingt-deux jours à Djenan-ed-Dar.

« Enfin, — m'écrivait-il, — je fus dirigé sur Saïda. Le major « m'examina et reconnut la véracité de ce que j'avançais. Mais il « me refusa le certificat que je lui demandais. Il se borna à « envoyer au conseil de guerre un rapport qui m'était favorable.

« Malgré ce document, malgré mes protestations d'innocence, « je fus condamné à vingt ans de travaux forcés et vingt ans « d'interdiction de séjour. J'ai vingt-cinq ans. Je ne pourrai donc « revoir la France qu'à soixante-cinq ans, — si je ne suis pas mort « en cours de peine !...

« Tout est donc fini pour moi. Ma vie est brisée, mon avenir « perdu, parce qu'un homme qui portait des galons l'a voulu... « Pourtant, avant de devenir une chose numérotée, rayée de l'exis- « tence, je jette une dernière protestation, je demande à nouveau « des juges — et toute la lumière !... Puisse mon dernier cri être « entendu !... Puisse justice, enfin, m'être faite !... »

Justice !... La révision de l'effroyable et inique jugement qui le frappait, voilà ce que réclamait l'ex-disciplinaire Marc Pinel.

Et le cri de ce malheureux, avant l'ensevelissement final, avant l'engouffrement à jamais au noir du bagne guyanais, — ce cri de détresse et de douleur, pas un ministre de la guerre, que je sache, n'a encore voulu l'entendre !...

XII

UN TEL... « DÉCÉDÉ » !...

Un soir où, de la tribune du « Club du Faubourg », j'avais stigmatisé les atrocités des bagnes militaires, on me montra, dans la foule, à la sortie, une vieille femme aux yeux clairs, comme lavés par la souffrance.

— C'est Mme Collot, m'apprit-on. Elle a soixante-dix ans. Elle est veuve avec son petit-fils qu'elle élève. Il est orphelin et a huit ans. Le père a payé de sa vie de barbares traitements endurés au pénitencier de Bossuet...

Condamné, impitoyablement, à cinq ans de travaux publics, pour avoir prolongé de quelques jours une permission, — après trois ans de guerre et trois blessures, — il avait été jeté dans cet enfer militaire où, à force de le martyriser, on avait fini par le faire mourir.

C'est tout ce que savait la mère... Car ces antres, impénétrables, gardent jalousement leurs effroyables secrets... Le pénitentiaire Un tel est « décédé »... A cela, se borne, pour les chaouchs qui en ont tué un, l'annonce de sa mort à la famille !...

Pourtant, j'ai connu un père, M. Radigue, qui, lui, à force de volonté, finit par arracher, sur un de ces drames de la discipline, quelques bribes officielles de vérité, — et encore d'une vérité truquée. Et il me semble revoir ce brave homme, le front barré d'une ride têtue, sous les cheveux tout blancs, venu me trouver et me disant :

— Ils m'ont assassiné mon fils !... Je ne pourrai pas, hélas ! le ressusciter... Mais j'en ai un autre qui a dix-sept ans... Celui-là, je ne veux pas qu'on me le tue... aussi... Et puis, je songe aux autres... aux pères, aux mères, qui ont un enfant là dedans !...

Et, doucement, avec ses petites phrases essoufflées, il me conta, en dépliant devant moi des lettres et des papiers, l'histoire tragique de son gars, là-bas, dans les bagnes militaires africains.

*
* *

Quand il s'engagea, Maurice Radigue avait vingt ans. Beau gaillard, intelligent et solide, il faisait l'orgueil de son père, ancien commerçant en boucherie retiré des affaires. Les maîtres d'école de la rue d'Aligre, qui l'avaient élevé, parlaient de lui comme d'un excellent sujet.

Et, encore, le vieillard s'enorgueillit :

— A onze ans, monsieur, il avait déjà son certificat d'études.

On l'avait affecté aux chasseurs, à Pontivy. Et, pendant un an, il fut ce qu'on est convenu d'appeler « un bon soldat ».

Vinrent les grandes manœuvres. Le hasard mit sur sa route une femme rencontrée à l'étape. Et l'amour s'abattit en éclair sur ce cœur naïf et tumultueux d'adolescent. Sa passion fut partagée, il le crut du moins, — et ils partirent ensemble. Mais il y avait le devoir militaire !... Bast ! Est-ce qu'à cet âge, quand on aime, on s'arrête aux conséquences de ses actes ! Ils se réfugièrent sur la frontière d'Espagne.

Mais ils avaient compté sans les difficultés de la vie. Le problème de la faim, impérieusement, les sollicita. Que faire ? Déjà l'incendie passionnel s'éteignait. Elle, après quelques hésitations, joua les Manon Lescaut et s'éloigna. Lui, écoutant les sages conseils de son père, il rentra en France et se rendit à son corps.

Son absence illégale lui valut deux ans de prison. Et ce fut la

dégringolade au noir de l'abîme des bagnes militaires. Car, bientôt,
sous les mauvais traitements des chaouchs, il regimba et, traduit,
pour voies de fait, devant un nouveau conseil de guerre, il vint
échouer pour cinq ans, à l'atelier des travaux publics d'Orléansville.

Là, toutefois, Maurice Radigue, qui, régulièrement, corres-
pondait avec son vieux père, se montrait soumis, dans l'espoir
d'être au plus tôt libéré et de rejoindre les siens.

Puis, brusquement, on cessa de recevoir de ses nouvelles. Et
le père, mordu par une inquiétude, écrivait :

« Mon fils, je trouve drôle que tu ne me répondes pas. Dis-
nous comment tu vas, le plus tôt possible.

« Ton père qui pense toujours à toi. »

On était dans les premiers jours de novembre. Au bout d'une
semaine, M. Radigue reçut, sous forme de réponse, sa lettre —
avec, au verso, la note suivante :

« N° 1.175. Le capitaine commandant l'atelier de travaux
publics, à Orléansville, a l'honneur de faire connaître à M. Léon
Radigue père, que son fils est décédé le 31 octobre.

« Au sujet du décès de Maurice Radigue, M. le maire du douzième arrondissement a dû lui donner connaissance d'un télégramme qui lui a été envoyé le 1ᵉʳ novembre. »

Entre temps, du camp de l'Oued-Rehane, était parvenue au
malheureux père une missive poignante en sa simplicité, du détenu
Henet, un des camarades de son fils, — et relatant sa fin tragique :

« ... Le détachement partait au chantier vers midi et demi,
quand, à une distance de cinq cents mètres environ du lieu de
campement, un tirailleur indigène, qui marchait en tête de la
colonne, se retourna pour nous empêcher de marcher si vite.

« Maurice et moi, qui étions en conversation, nous nous arrê-
tâmes tous deux de parler pour lui dire de se tenir à trente pas,
comme son règlement le lui prescrivait...

« Le tirailleur continua sa marche en avant et on ne s'en
occupa plus. Quand, à un certain moment, il mit sa baïonnette
au canon et se retourna vers nous pour nous embrocher.

« Aussitôt, comme toute personne qui tient à la vie, nous nous
lançâmes sur lui pour l'arrêter de mettre son acte de sauvagerie
à exécution, mais sans vouloir le désarmer.

« A cet instant, le sous-officier Mariani, qui marchait en

« arrière à gauche, se jeta sur nous, revolver au poing, et, sans
« demander d'explication, en tira deux coups. Le premier atteigni
« mon képi, qui roula à terre. A ce moment, Maurice se jeta à
« genoux et, la tête baissée, cacha son visage pour s'abriter de
« l'arme. Mais le sergent, à bout portant, déchargea à nouveau son
« revolver, et la balle tirée atteignit Maurice au défaut de l'omo
« plate gauche, lui traversa la poitrine et s'arrêta au-dessus de son
« sein droit, à fleur de peau.

« Maurice vint tomber dans mes bras, prononçant ces der
« nières paroles :

« — Chenet, je suis touché. Adieu.

« Nous le relevâmes, moi et plusieurs de mes camarades, pou
« l'emporter au camp. Mais notre pauvre ami expira en rout
« dans nos bras d'une hémorragie interne, sans avoir pu prononce
« d'autres paroles. »

La lettre s'abattit sur le vieillard, terrible comme un coup d
massue en plein front. Toutes ses idées en fuite, il ne pouvait qu
répéter :

— Ils ont fait cela ! Ils ont fait cela !

*

* *

Puis, autant pour crier sa protestation douloureuse que dan
sa hâte enfiévrée de détails nouveaux, il se précipita au ministè
de la guerre. Là, on l'éconduisit poliment, — lui conseillant d
s'adresser à la mairie de son arrondissement.

Il courut à la maison commune du douzième, où un emplo
prit note de son adresse et lui déclara qu'on lui écrirait.

— En effet, remarque le père, le 20 novembre, je receva
cette lettre...

Et il déploie devant moi une missive officielle, dans laquelle
maire explique que, le 1er novembre, il a reçu de l'autorité mil
taire un télégramme l'informant du décès du soldat Radigue, en
priant d'informer la famille.

— Mais, observe le magistrat, ce télégramme ne fais
mention d'aucune adresse : je l'ai retourné à l'autorité militai
qui me l'avait adressé.

Un rire amer glisse sur les lèvres du vieillard qui protest

— Ils ont bien su mon adresse pour me renvoyer ma lettr
Et ils ne la connaissaient pas pour me prévenir télégraphiqu
ment...

Ce fut alors, pour le malheureux, un long calvaire d'espérance entêtée. Pour se rendre à la cruelle évidence, il s'obstinait à exiger l'acte de décès de son fils. Et, vainement, d'administration à administration et de bureau à bureau, il multipliait les démarches.

Cela dura longtemps — jusqu'à fin janvier. Alors seulement, à la mairie du douzième, on lui fit tenir un extrait du registre des décès de la commune d'Affreville, transmis par le ministère de la guerre.

— Tenez !... là... regardez !...

De son doigt, qui tremble, sur la pièce qu'il m'avait tendue, le vieillard me montrait un nom : Mariani. Et ses prunelles, avec une stupeur épouvantée, s'étaient rivées à ce nom... le nom de l'homme qui avait tué son fils :

— Oh !... là... ce nom !... ce nom ! gémissait-il.

Eh ! oui, le sergent Mariani avait signé, comme témoin, ce document, que son coup de revolver avait rendu nécessaire !... C'était l'assassin qui avait fait la déclaration — officielle — du « décès » de sa victime !...

Mais, à l'envoi du ministère de la guerre, une lettre du ministre était jointe. Un passage est à citer :

« Quant au décès de votre fils, il est survenu à la suite d'un
« coup de feu reçu par lui dans une rébellion envers un tirailleur
« de garde au cours de laquelle il avait, aidé de plusieurs de ses
« codétenus, essayé de désarmer ce militaire. »

Rébellion !... Mais alors, le détenu Chenet aurait dû passer au conseil de guerre. Or, il n'a pas été inquiété. La preuve ? M. Radigue me la fournit en étalant devant moi une nouvelle lettre que venait de lui adresser l'ami de son fils. Et j'y lis :

« Depuis le mois de novembre, ça fait plus de six mois, je suis
« inactif à la portion centrale. J'espère que bientôt je serai renvoyé
« dans un détachement. Là, je travaillerai de mon mieux pour me
« faire bien noter et obtenir enfin ma liberté. »

Et, tout secoué d'émotion, repliant précautionneusement les chères lettres qui lui parlent du disparu, le vieillard, avec obstination, répète :

— Vous voyez bien, monsieur, que, mon fils, ils me l'ont assassiné !

XIII

IMPUNÉMENT, ILS TUENT, MÊME EN PUBLIC

En plein village, derrière les écoles, un quadrilatère de baraquements encadre une vaste cour. Sur une face s'ouvre l'entrée principale. Les logements des officiers et sous-officiers trouent un des côtés de portes basses. L'autre côté et l'autre face — isolés du monde extérieur — sont inexorablement clos de murs rébarbatifs, sinistres.

C'était là le pénitencier militaire de Douéra, qui a été supprimé, par mesure d'économie, en janvier 1924.

J'ai dit ce qui se passait dans le mystère de cet enfer.

Je vais dire ce qui s'est passé autour — au moment où mon enquête dans les bagnes militaires m'avait amené par là.

C'était un dimanche, après-midi. Dans le calme agreste du clair village, quelques colons jouaient aux cartes dans un paisible petit café, sur la grande place. Brusquement, un tirailleur indigène fit irruption, le fusil en main, et interpellant l'un des joueurs, M. P... :

— Viens vite. Il y a un déserteur dans ta maison !...

M P... se leva et se hâta derrière le tirailleur. En passant, machinalement, il regarda l'horloge de l'église ; elle marquait deux heures. Chez lui, il n'y avait que sa femme. Rapidement, se penchant, il lui demanda à l'oreille :

— Sais-tu où il est ?

— Je crois, chuchota-t-elle, qu'il est caché derrière les ronces, sur le talus.

M. P... franchit la porte de la cour. C'était, en contre-bas d'un champ, une sorte de tranchée creusée dans la terre molle : six à huit mètres carrés... Et il regardait là où lui avait indiqué sa femme, lorsque le soldat indigène, tout à coup, s'exclama :

— Le voilà !...

En même temps, surgissaient sur la crête de la tranchée deux nouveaux uniformes. Et un autre se montrait, du côté de la rue. La cour était cernée par les chasseurs d'hommes.

*
* *

Entre les feuilles touffues d'une broussaille, poussée sur le talus, grimpant vers le champ, un pied se distinguait, se devinait plutôt. Une forme accroupie, ramassée, tassée sur elle-même, était là, derrière.

Déjà, le tirailleur avait épaulé. Il n'était pas à plus de deux mètres du « déserteur ».

— S'il avait eu la baïonnette au canon, me disait le colon, elle eût touché les pieds de l'homme.

Il y eut alors une minute tragique. Le pénitentiaire se retourna à demi, le corps soulevé en une imploration, criant :

— Ne tire pas, je me rends !...

M. P..., affolé d'horreur devant le geste du tirailleur, s'était jeté sur l'arme. Mais le coup de feu retentit, en claquement de fouet.

Pourtant, la poussée du colon avait fait dévier légèrement le canon du fusil, dirigé en pleine poitrine. Et puis, le pénitentiaire avait instinctivement caché son visage, d'un mouvement apeuré des bras... La balle traversa l'avant-bras, troua de part en part le corps, sous l'épaule ; puis, déchirant une ronce, en laboura les racines...

J'en ai vu la trace, de mes yeux.

La victime, dans un râle, avait pivoté sur elle-même : et elle était tombée, face en avant. Une jambe, prise dans les arbustes épineux, retenait le corps. Les bras pendaient.

Le blessé demeura ainsi, en l'air, lamentable loque saignante.

Les trois autres soldats indigènes, le fusil braqué, guettaient un mouvement pour l'achever...

Eh ! oui, ces fauves à face humaine s'acharnent férocement sur ceux que, du premier coup, ils n'ont pas tués !...

Une preuve — au hasard... Le 13 mai de l'année dernière, un gamin de vingt ans, Jules Buisson, à bout de tortures physiques et morales, s'enfuyait du camp de Rouina. Sans sommation, les tirailleurs, lancés à sa poursuite, lui tirèrent dessus. Il tomba, le genou fracassé par une balle. Et ce fut vainement qu'il implora les assassins qui, l'arme encore fumante, couraient sur lui, menaçants :

— Pardon !... Pardon !... ne me tuez pas !...

Sans pitié, il fut achevé — comme un gibier. Et, pour être sûr, cette fois, de bien l'avoir, de ne pas le rater, froidement, le tirailleur qui fit feu avait appuyé le canon de son fusil sous l'aisselle du blessé...

C'est à croire, positivement, qu'on ait inculqué à ces sauvages que toute tentative d'évasion doive être punie de mort !... Alors que si, dans une balance de justice, on pouvait mettre d'un côté la faute commise, de l'autre, le châtiment infligé, on serait épouvanté devant l'inégalité monstrueuse des deux pesées.

*
* *

Cependant, le coup de feu, éclatant en plein village de Douéra, avait jeté dehors les habitants, angoissés. Un jeune homme, M. T...., qui habitait près de l'église, à cinq cents mètres de là, s'était précipité. Il arriva au moment où les tirailleurs repoussaient les voisins qui voulaient pénétrer dans la cour.

Grand et fort, dans une bourrade, il passa. La victime, inerte, les bras étendus, comme figés dans un geste de supplication suprême, saignait toujours le long du talus. Il la saisit par les épaules pour, doucement, l'amener à lui.

— Foutez-moi ça par terre !... grinça une voix.

C'était un tirailleur, posté sur la crête, qui attendait, le fusil en main.

M. T... souleva le malheureux qui, de tout son poids, retomba sur lui. La secousse les jeta tous deux à terre... Cependant, les voisins avaient forcé l'entrée et, déjà, s'empressaient autour du pénitentiaire. La sage-femme du village, à tout événement, avait apporté des sels, des cordiaux, des objets de pansement...

Ce ne fut qu'une heure après, environ, que, sur un brancard, on transporta le blessé à l'hôpital.

Le malheureux, qui avait nom Lecavalier, était en butte depuis quelque temps aux tracasseries provocatrices d'un chaouch. Ce jour-là, on l'avait conduit dans la campagne, à la corvée de battage des couvertures. Et il avait respiré, avec un air autre que l'air du bagne, l'illusion de la liberté.

Au retour, devant les sinistres baraquements, une peur irraisonnée l'avait pris, l'avait grisé comme d'une folie. Et, jetant bas les couvertures qu'il portait, instinctivement, sans réfléchir, d'un galop furieux, d'un galop de cheval emballé, il s'était précipité, tête baissée, vers un inconnu, moins terrible, quel qu'il fût, que ce qui l'attendait au pénitencier.

Puis, épuisé bientôt, haletant, à bout de souffle, il était arrivé devant la maison du colon P... Il sentait derrière lui la meute des gardes-chiourmes. Dans une cour qui s'ouvrait, là, il s'était engouffré et, comme une bête traquée, s'était accroupi, s'était terré dans les ronces, d'où devait le débusquer la balle meurtrière d'un tirailleur indigène.

MARC PINEL ET LE SERGENT IBARNE

L'ASSASSINAT DE MAURICE RADIGUE PAR LE SERGENT MARIANI

*
* *

Mais ce drame avait ameuté autour du pénitencier toute une colère. Des protestations des habitants grondèrent... Une enquête fut ouverte.

Il s'agissait d'établir si le pénitentiaire avait véritablement crié : « Ne tire pas, je me rends » — et si le tirailleur avait bien fait feu à l'intérieur d'une maison particulière, où la loi lui interdisait d'entrer. Car, alors, il n'était plus un soldat obéissant à une consigne barbare, il était un assassin, — avec cette aggravation qu'il avait commis une violation de domicile.

L'enquête fut confiée à un officier, qui, pour la forme, entendit les témoins. M. P... seul avait assisté à la scène du drame. Il la raconta. Mais il se heurta à la version du commandant du pénitencier, le capitaine Garnier. D'avance, cet officier, qui n'avait rien vu et qui ne s'était jamais rendu sur les lieux en compagnie du colon, avait décidé que ses hommes n'avaient commis aucune faute. Ils avaient fait, au détenu qui « s'évadait », les sommations réglementaires. Et c'était de la rue que le tirailleur indigène avait tiré.

On avait vérifié la possibilité de ses dires : ils étaient absolument inadmissibles. Il y avait une maisonnette, entre la cour et la rue, — et de là on ne pouvait apercevoir le talus où, dans les ronces, s'était caché le pénitentiaire.

N'importe !.. l'enquête fut close et l'affaire, enveloppée, comme d'un suaire, d'un mystérieux silence, demeura ensevelie dans les cartons de l'administration militaire. Et c'est ainsi chaque fois, — à tout meurtre, à tout assassinat !... Toujours, ce sont les tueurs qui ont raison !...

Et ces hommes, — ont-ils encore droit à ce nom ! — coupables de telles atrocités ne sont jamais châtiés !

Pourtant, M. P... — avec qui j'ai revécu, sur les lieux, ce drame de la discipline, — avait encore, dans les oreilles, l'imploration déchirante du pénitentiaire, devant la menace du fusil... Et il avait aussi gardé, dans les yeux, la vision de cet homme ramassé sur lui-même, qui se relevait, ébauchant des bras un geste de protection : puis qui, sous le choc de la balle, pivotait, s'écroulait, glissait le long du talus et demeurait suspendu par une jambe aux racines des ronces, — égrenant sa vie goutte à goutte sur la terre brune, bientôt rougie...

C'est par miracle que la victime échappa à la mort. Lorsque

je quittai Alger, elle était en traitement à l'hôpital du Dey, où elle avait été finalement amenée.

Mais, le jour où, revenu complètement à la vie, Lecavalier réintégra le pénitencier de Douéra, ce fut pour entrer en cellule. Car le capitaine Garnier lui avait infligé trente jours de cette peine, — sans doute, pour lui apprendre à vivre...

XIV

LA FARCE DE L'AMENDEMENT

La légende veut que la Vérité sorte de son puits, toute nue. Aussi est-ce, sans doute, pour ménager la susceptibilité pudibonde des ministres successifs de la guerre, que, de tout temps, le haut commandement algérien s'est obstiné à ne leur montrer qu'avec, jetés à la diable sur sa nudité, les oripeaux du mensonge, les haillons de l'imposture et les guenilles du faux. Telle une Vérité de Carnaval.

Et c'est cet impudent affublement de la Vérité, destiné à tromper le chef de l'armée, qui a fait que les atrocités des bagnes militaires aient pu se perpétuer. Car il s'est rencontré, — et je me plais à le répéter, — des ministres de la guerre qu'animait un louable sentiment d'équité et d'humanité.

C'est ainsi que, dans une circulaire ministérielle, portant envoi d'une instruction morale pour les gradés des corps de discipline et des établissements pénitentiaires, le général André, à la date du 2 novembre 1902, traçait le devoir qui s'imposait aux cadres :

« Poursuivre plutôt l'amendement que la répression.

« Ne pas se considérer, dans la lutte inévitable qui se produit « entre le détenu et son gardien, comme chargés uniquement de « paralyser par la force les mauvais instincts, mais aussi de déve- « lopper les bons, par la persuasion et par un parti pris de bien- « veillance que les révoltes les plus tenaces n'arrivent pas à « rebuter.

Et, dans l'instruction morale, il insistait :

« On ne doit pas oublier qu'une bonne parole, dite à propos, « contribue, plus que des punitions accumulées, à ramener au « bien des hommes qui, pour beaucoup, ont été constamment aux « prises avec l'adversité.

« Les réprimandes doivent être faites avec discernement, sans
« brusquerie ni propos grossiers. Quand un homme donne des
« marques de l'énervement produit, très fréquemment, par la pri-
« vation de la liberté, il faut que le gradé ou le surveillant, sache
« à propos ne rien voir, ne rien entendre, et opposer à la parole
« grossière, au geste insultant, son inaltérable sang-froid.

Mais il faut avoir vu de quelle singulière façon les chaouchs
se conforment à l'esprit des circulaires et instructions ministérielles.

Un exemple encore, et bien suggestif. C'était au pénitencier de
Douéra. A six heures et demie du matin, le détenu Raoux, som-
meillait péniblement sur le bat-flanc de sa cellule. Les membres
douloureux, grelottant de fièvre, il s'était tourné et retourné, toute
la nuit, sur sa couche de planches.

Brusquement, il est arraché à son demi-assoupissement par le
fracas de la porte qui s'ouvre. Et un chaouch apparaît. En pareil
cas, le pénitentiaire doit se lever et prendre, face au mur, l'attitude
du « garde à vous ». Raoux ébauche un mouvement pour se redresser, mais il ne peut l'achever et s'écroule en arrière, les jambes
comme cassées.

Aussitôt, le gradé éclate en invectives, et ordonne au détenu
de se lever et de prendre la position d'usage. Mais, sous les insultes, le pénitentiaire s'est buté et demeure immobile.

Alors, le chaouch interroge :

— Vous refusez de vous lever ?...

Et comme Raoux reste muet, il lui lit l'article 218 du Code de
justice militaire... Puis, devant le silence obstiné du pénitentiaire, il se tourne vers un autre chaouch qui l'accompagne :

— Vous constatez ! hein ! Refus d'obéissance ! Allons ! son
compte est bon !

Mais le conseil de guerre peut estimer que le refus d'obéissance, en l'espèce, est insuffisant pour entraîner une peine grave.
Et le commandant du pénitencier, dépêche à Raoux l'adjudant, —
un sous-officier « modèle », — qui, depuis six mois qu'il est là, a
infligé ou fait infliger à divers détenus, dont cinq ont, par surcroît,
passé au conseil de guerre, plus de cinq cents jours de cellule.

Il convient de corser le motif. Et l'adjudant bien stylé surgit
bientôt dans la cellule de Raoux. De ses propos grossiers et cin-
glants, il énerve l'homme. Ses basses insultes l'aiguillonnent
comme les banderilles dont on pique les flancs des taureaux de
combat. Si bien qu'exaspéré, fou de colère, le pénitentiaire, qui
s'est dressé sur son bat-flanc, riposte et jette un outrage au gradé.

Cette fois, il y a double motif de conseil : refus d'obéissance et outrage à un supérieur, — un an ou deux ans de prison pour le premier cas, un an à cinq ans pour le second.

Mais ce n'est pas suffisant encore : il faut qu'un châtiment immédiat soit appliqué à cet homme qui, blessé dans sa dignité, a osé se rebiffer et rendre injure pour injure... L'adjudant appelle des tirailleurs indigènes. Les fers sont apportés... Et les chevilles et les poignets du détenu sont enfermés, tenaillés, broyés par le double effroyable étau.

*
* *

Ah ! cette poursuite de l'amendement des pénitentiaires, quelle farce sinistre !...

Voici pour édifier, là-dessus... Un adolescent de seize ans, Baptiste Canali, de l'école des élèves mécaniciens de la flotte, pour absence illégale de six heures et autres escapades, était expédié, — contrairement au règlement, — sur la section de discipline de Cay-Maï, en Indochine.

Les fautes commises, étant donné surtout qu'elles l'avaient été par un gamin de seize ans, justifiaient-elles cette sévérité ?... Au collège, Canali en eût été quitte pour une retenue, un pensum, — le séquestre, peut-être. A l'école des élèves mécaniciens, on le traita comme un homme fait et on brisa la vie de cet enfant.

Cependant, dans le milieu où on l'avait jeté, Canali, effaré, ne tarda pas à se ressaisir. Il comprit qu'il devait faire tout son possible pour se tirer de là, et s'appliqua à se montrer docile, sans cesse ponctuel. L'officier de la section de discipline était un de ceux — trop rares — qui ont le juste sentiment de ce qu'ils doivent à des êtres dévoyés. Et, bientôt, constatant que le jeune disciplinaire s'était amendé, il fit en sa faveur une demande de réintégration. Mais, à la portion centrale, elle fut, comme toujours, rejetée.

Et, un jour, le père, inquiet de ne plus avoir de nouvelles de son fils et qui en avait imploré du lieutenant commandant la discipline, recevait cette lettre, qui fait honneur à l'officier qui l'a écrite, et qui démontre bien à quels actes désespérés peut pousser une inhumanité inattendue :

« A la section de discipline de Cay-Maï, Canali Baptiste,
« numéro matricule P. 250, s'y conduisit très bien, et fut très bien
« noté, ce qui lui valut d'être envoyé à l'escouade de transition de
« Bien-Hoa, où il se conduisit également très bien. Aussi, sa réin-
« tégration fut demandée, mais elle ne lui fut pas accordée.

« A partir du rejet de cette demande, la conduite de Canali a

« laissé à désirer ; découragé, il s'est abandonné sur la mauvaise
« pente et a fini par commettre une faute grave contre la disci-
« pline, qui a amené sa comparution devant un conseil de guerre.
« Il est maintenant à Bou-Aïech, dans le Sud-Oranais. »

Ainsi donc, Baptiste Canali, tant qu'il a pu croire — espérer —
qu'il serait réintégré, n'a donné lieu à aucun reproche. Mais,
voyant qu'on semblait lui refuser obstinément, en dépit de sa
bonne conduite, une faveur qu'il s'était efforcé de mériter, cet
enfant s'est jeté volontairement, — comme on se suicide, — dans
le camp des « révoltés », et, en grêle, les punitions se sont abattues
sur lui. C'est l'engrenage. C'est la dégringolade au plus profond de
l'abîme des bagnes militaires.

A qui la faute ?... Sinon à ceux qui, bravant toutes les instructions morales du chef de l'armée, éteignent toute lueur d'espérance,
dans le noir de ces enfers !...

Et c'est ainsi que, dans un pays civilisé, on finit par ravaler
des êtres jeunes, pleins de vie et de force, à n'être plus que des
épaves lamentables d'humanité, — comme celles que j'ai vues, au
long des routes africaines, trimant sans répit sous un soleil de
feu, avec, au front, de menaçants tatouages et, aux lèvres, le pli
mauvais de la haine qui bout au creuset des consciences et prépare
les revanches de demain.

*
* *

Pourtant, parmi ces malheureux, combien — sinon tous —
étaient amendables !...

J'en ai eu la preuve, peu après mon enquête, alors que j'ac-
complissais une période d'instruction militaire à Melun.

Mon capitaine — un brave homme — avait servi comme officier de l'armée d'Afrique et avait été affecté au commandement de
disciplinaires. Dans ces fonctions, il se montra ferme, énergique,
même, mais souverainement juste. Il sévit quand il fallait sévir.
Il fit droit, par contre, aux réclamations de ses hommes, qui lui
parurent légitimes.

Un jour, me racontait-il, il conduisit son troupeau de disciplinaires à un exercice de tir, donna à chacun un fusil et des cartouches à balles, puis il alla se promener sur le front de la cible.

Grand émoi, aussitôt, parmi les autres officiers.

— Mais vous pouviez vous faire tuer ! Si ces misérables vous
avaient tiré dessus ! s'effraya-t-on.

Un sourire fut sa réponse. Il savait bien qu'il n'avait rien à craindre de gens envers qui il avait toujours pratiqué l'équité la plus stricte, s'appliquant même à adoucir leur sort et à réveiller leur dignité, toutes les fois que le permettaient les circonstances.

Cette anecdote ne démontre-t-elle pas jusqu'à l'évidence que, s'il se trouve dans l'armée quelques têtes chaudes, ce n'est pas à coups de matraques et en les ravalant au-dessous de criminels de droit commun, que l'on arrivera à les calmer, à les ramener à la juste notion des choses, — à les amender ?...

*
* *

Il importe donc que les pénitentiaires soient traités en soldats, plus sévèrement que les autres, soit, mais en soldats. Et, surtout, qu'on cesse de les revêtir d'une livrée avilissante. Aussi bien, pourquoi ne conserveraient-ils pas le numéro de leur régiment ?... Ce serait pour eux, comme une garantie d'espoir de reprendre leur place dans leur corps, — et ils s'efforceraient à y parvenir. Ce qu'on veut, en haut lieu, n'est-ce pas qu'ils s'amendent ?... Alors ?...

C'est là le thème que, voici quelque dix ans, développait, avec sa généreuse et si prenante éloquence, mon excellent et regretté ami Pascal Ceccaldi, lorsqu'il porta, à la tribune de la Chambre, mes preuves des atrocités des bagnes militaires.

— Dans les pays voisins, en Allemagne en particulier, protestait-il, les disciplinaires ne sont pas odieusement malmenés comme chez nous ; ce sont véritablement des sections d'amendement et non pas de torture. Elles se trouvent à l'intérieur : il y en a quatre en Prusse, une en Saxe, une dans le Wurtemberg et une en Bavière. Les disciplinaires allemands sont traités comme des soldats en faute ; ils peuvent correspondre librement par lettres avec le dehors, obtenir des permissions, recevoir de l'argent de poche. Et ils touchent leur prêt et leur vin. »

Eh bien ! ici, en France, non seulement on leur refuse toutes ces faveurs, aux pénitentiaires, mais leurs lettres, celles qu'ils expédient ou reçoivent sont ouvertes et lues par les chaouchs. Et, lors de mon enquête, d'imbéciles prescriptions ordonnaient le protocole de leur correspondance. De la cellule, à qui osait se plaindre... De la cellule encore, si quelque être cher leur écrivait et s'apitoyait sur leur sort !... De la cellule toujours, si la suscription d'une lettre, à l'adresse de l'un d'eux, n'était pas établie suivant cette invariable formule : « X..., Fusilier, à la Xme compagnie de fusiliers de discipline, à X... »

Et combien de pauvres mères, qui envoyaient à leur fils des

paroles de consolation et d'espoir, les ont précipités plus encore dans l'abîme du bagne parce qu'elles avaient omis de faire figurer, sur la suscription de leur lettre, le mot « fusilier ».

De même, parfois, pour avoir des nouvelles de l'absent, toujours chéri, si elles joignaient à leur lettre un timbre pour la réponse, elles ne se doutaient pas qu'elles attiraient sur lui de nouvelles répressions. Car les exemples abondent de chaouchs, qui, interprétant férocement le règlement qui interdit aux disciplinaires de posséder « de l'argent ou des valeurs quelconques », ont puni de prison ou même de cellule des hommes qui avaient reçu un timbre-poste.

Interdiction aussi de se faire envoyer des photographies ou des menus souvenirs d'une mère, d'une sœur ou d'une amie, qui rappellent les douces heures d'autrefois...

Tout de même, on a quelque honte à penser qu'on appartient à une nation qui traite plus durement ses pénitentiaires que ne l'ose l'Allemagne — où la discipline, répète-t-on sans cesse, est si aveugle, si brutale !...

XV

LES REMORDS D'UN AIDE-BOURREAU

Alors qu'au retour de mon enquête dans les bagnes militaires, je disais le martyre atroce subi par les damnés de ces enfers, un jour parut, dans la presse, cette information :

« Devant la révélation de faits de cruauté et de sauvagerie indé-
« niables, une peur a saisi les tortionnaires.

« C'est ainsi que l'homme de garde d'un détachement, à Dje-
« nan-ed-Dar, pour échapper aux responsabilités, — et aussi aux
« représailles de ses camarades, — le soldat Steiner, qui s'était
« fait l'aide des gradés bourreaux, a tenté de se suicider. Il s'est tiré
« un coup de fusil dans la région du cœur, et il a été dirigé,
« l'épaule fracassée, sur l'hôpital d'Aïn-Sefra. »

Le fait était rigoureusement exact, Steiner avait bien tenté de se suicider.

Engagé dans la légion étrangère, le Hongrois Steiner avait été affecté aux bagnes militaires où les disciplinaires étaient encore gardés par des légionnaires. On l'avait dirigé sur Djenan-ed-Dar.

Mais, peu après, on remplaçait les soldats de la légion par les tirailleurs indigènes — qui sont, à la fois, féroces et disciplinés à l'excès. Les chaouchs exultèrent. Et, sûrs de l'isolement et de l'impunité, dès lors, ils torturèrent ouvertement.

Seul des légionnaires, Steiner était resté à Djenan-ed-Dar. La garde-chiourme tenait à lui... Officiellement, il était le cuisinier du détachement... Officieusement, il était l'aide-bourreau.

Car, profitant de son ignorance absolue de notre langue, et certains qu'il ne se laisserait pas émouvoir par les supplications des disciplinaires qu'il ne comprenait pas, les chaouchs l'employèrent à attacher et à frapper leurs victimes.

Au sérail, ce sont des muets qui gardent les femmes... A la discipline, pour supplicier, on devait choisir un sourd.

Malgré tout, ce ne fut pas de gaîté de cœur que Steiner aida à torturer... Mais les sous-officiers — et dix tirailleurs indigènes, commandés par un caporal, — l'entouraient, le surveillaient, prêts à le réduire à l'obéissance passive... Et, durant quelques mois, il se courba sous les ordres...

Cependant, un dégoût montait en lui, de l'affreuse besogne qu'on le forçait à faire.

Et puis, le rôle d'aide-bourreau a ses inconvénients.

Un jour, il eut le pouce retourné, en attachant un homme, Versinot, qui se débattait... On manda le médecin-major de Béni-Ounif, qui examina Steiner et lui délivra un certificat d'origine de blessure, qui figure à son livret militaire — et que voici :

« Atteint d'entorse de l'articulation métacarpo-phalagienne du
« pouce gauche, en maîtrisant, sur l'ordre d'un sergent, un homme
« ivre qui était en fureur ».

Prudemment les chaouchs se tenaient à la distance de leur nerf de bœuf des hommes qu'ils martyrisaient... Et, pour vaincre la résistance des disciplinaires à ligoter, et les terrasser, ils avaient choisi ce Hongrois taillé en force, avec sa vigueur de muscles, ses épaules puissantes, ses biceps de lutteur — un « costaud ».

Un autre jour, il ligotait le disciplinaire Champion ; le sergent Mauson lui avait ordonné de cogner sur l'homme — et il avait obéi :

— Plus fort ! l'avait harcelé le chaouch.

Cette fois, d'un coup de poing formidable en plein front, il avait abattu le disciplinaire. Et, si violent avait été le coup, que l'aide-bourreau ressentit une douleur aiguë à la main : il s'était brisé l'annulaire droit.

Alors, malgré le sergent Mauson qui l'en avait dissuadé, Steiner s'était rendu à Béni-Ounif. Il était allé voir le lieutenant de la Discipline et lui avait demandé à passer la visite pour être dirigé sur l'hôpital d'Aïn-Sefra.

— C'est bien, avait déclaré l'officier... Je parlerai au major.

Le lendemain, le médecin, dont le siège avait été fait, avait donné des soins au blessé, mais il s'était refusé à l'envoyer à l'hôpital d'Aïn-Sefra, lui proposant de le garder à Béni-Ounif, à l'infirmerie.

Vainement, le Hongrois avait protesté :

— J'ai des ennemis... On m'a ordonné d'infliger à des hommes des traitements barbares et je ne me sens pas en sécurité ici...

Il avait dû retourner à Djenan-ed-Dar. Et, sur le cahier de visite — car il fallait masquer les causes de la blessure qui eût témoigné de la férocité des bourreaux — on avait indiqué : « Exempt de service. Accident secondaire ».

*

* *

Revenu au détachement, Steiner, sur les conseils du sergent, se fit masser le doigt par un disciplinaire, ancien infirmier.

Mais il n'eut pas à s'en louer. Les massages étaient extrêmement douloureux, et l'homme, qu'il avait autrefois attaché et frappé, semblait prendre plaisir à faire souffrir l'aide-bourreau qui, saisi d'une méfiance, renonça à ce traitement.

Finalement, ce fut un homme de garde, le tirailleur indigène Saaraloui, qui le guérit, en expérimentant sur le doigt un remède qu'il disait infaillible et tenait d'un marabout : « neuf pointes de feu ».

Cependant, Steiner avait profité de son passage à Béni-Ounif pour demander au lieutenant — qui le lui avait promis — d'être renvoyé à son corps à Sidi-Bel-Abbès.

Condamné au repos, le Hongrois, pendant deux mois, traîna, à travers le camp, sa convalescence et son ennui. Puis, impatient de quitter Djenan-ed-Dar, il s'inquiéta auprès de l'adjudant de la Discipline du sort réservé à sa demande.

— On s'en fout !... trancha le sous-officier.

Entre temps, la section de Djenan-ed-Dar étant partie à Aïn-Sefra, Steiner s'adressa, en présence des officiers de la Discipline, au colonel Boudécourt, pour ne plus rester dans les corps d'épreuves :

— Mon colonel, sollicita-t-il, je voudrais partir d'ici... Je suis mal vu partout... Dans les rues d'Aïn-Sefra, des femmes, des enfants me reprochent d'avoir été un bourreau... On m'a commandé d'attacher et de maltraiter les hommes... On m'a fait faire un sale métier.

Le colonel, se tournant vers le lieutenant Bardou, questionna :

— Avez-vous connaissance de cette histoire ?...

— Oui, répondit l'officier... Il était avec le sergent Mauson, à Djenan-ed-Dar.

Le colonel, alors, au légionnaire :

— C'est entendu, le rassura-t-il... Nous allons voir ce qu'on peut faire pour toi.

On le commit à la garde des couvertures de rebut ou inutilisées à la Discipline, empilées, avec des chiffons, dans un marabout. Puis on le nomma garde-magasin à la redoute.

Il n'osait fréquenter personne... Il n'osait sortir... L'exécration des disciplinaires, jadis suppliciés, continuait à envelopper le Hongrois.

Isolé, en son coin de la redoute, autour de lui rôdaient comme de vagues remords...

Il eut sur lui-même un retour plein d'horreur... Une peur superstitieuse le saisissait, la nuit. Des supplications, des plaintes, des rugissements de douleur le harcelaient, implacables... Et le même cauchemar toujours l'oppressait, fouillant son cerveau de ses griffes...

Parfois, alors, il s'en allait à travers le bled sous la poursuite affolée de ses pensées... Et il sentait sa raison vaciller.

*
* *

Un matin, il reçut une lettre de sa ville natale, là-bas, en Hongrie... C'était sa mère qui, ayant appris — par qui ? il l'ignore — qu'il était devenu aide-bourreau, le suppliait de quitter ce métier avilissant.

Une émotion intense vibra jusqu'au fond de sa chair... Tout le jour, il demeura assommé sous d'horribles accablements... Puis, la nuit venue, dans un coin du magasin, dont il avait la garde, il prit un fusil — celui du sergent Dardenne rentré en France, qui devait être versé, le lendemain, à la 17ᵉ compagnie — alla à un sac à brosses, où il avait enfoui quelques cartouches de « rabiot », et chargea l'arme.

Ensuite, il écrivit dans une langue qu'il connaît à peine ce mot :

« Mon lieutenant,

« Le colonelle me ne pas voulu accepté pour aller à Tlemcen.
« Je me suis tirée un coup de fusil. Je ne veux à personne fair du

« mal. Je suis ingnocent. Je vous prier bien de prévenir mes parant
« de mon malheur. La adresse : Heinrich Steiner, Zug Utra, N° 4,
« Nzifra, Hongrie.
      « La magasin et en ordre.

                                            « STEINER. »

Quand il eut signé, il posa sur le sol la crosse du fusil, se pen-
cha, appuyant le côté gauche de sa poitrine contre l'ouverture du
canon — et fit jouer la détente...

... Dans le grand silence de la redoute endormie, la détonation
claqua, sinistre... On accourut...

Les premiers qui entrèrent dans le magasin furent Rusa, un
légionnaire, et Tache, un ancien disciplinaire...

A la lueur de la lampe, ils aperçurent le désespéré, étendu,
l'épaule ouverte, du sang plein la figure... Il n'avait pas perdu connaissance et se plaignait doucement...

Bientôt, à l'hôpital, sur la table où gisait le blessé, le lieutenant Prieur, de la Discipline — qui, celui-là aussi, était humain —
se penchait avec sollicitude :

— Tu me reconnais ? interrogea-t-il.

Puis, sur un faible hochement de tête affirmatif de l'homme :

— Pourquoi as-tu voulu te tuer ?

Alors, en une sorte de râle sourd où les syllabes semblaient
mourir :

— J'étais forcé... fit Steiner.

Le lieutenant n'insista pas. Il avait compris.

XIII

TRAGIQUE CONFESSION

Donc, le Hongrois Steiner avait voulu mourir et emporter
dans la tombe son tragique secret... Mais le destin ayant permis
qu'il fût sauvé, il avait parlé... Là-bas, à Aïn-Sefra, avec une balle
de son fusil en pleine poitrine, sur son lit d'hôpital, où il gisait,
moribond — et d'où tout le monde croyait qu'il ne se relèverait
plus — un colonel des tirailleurs et deux lieutenants lui avaient
arraché, lambeau par lambeau, en des hoquets de souffrance, le
récit de toutes les horreurs qu'il avait vécues dans les bagnes militaires.

Et c'était sur le conseil de ces trois officiers, d'une belle hau-
teur de sentiments que, — quelques mois plus tard, rétabli et
libéré, — l'aide-bourreau était venu me trouver.

Dans un français pénible, Steiner m'expliqua que, à Djenan-ed-Dar, torturer était pour lui une chose obligatoire. Parfois, les instincts de brute qui gîtent au fond de l'être humain se déchaînaient en lui. Et alors, il cognait, sans rien atténuer de la force exceptionnelle qu'il possédait, avec ses muscles de lutteur.

Et cet homme portait des blessures, — preuves vivantes de la férocité que, par ordre, il avait dû déployer. Pourtant, les détails qu'il me donnait m'apparaissaient, parfois, si monstrueux que, croyant avoir mal compris, je les lui faisais répéter... Il insistait alors — et parlait avec cette force terrassante de la vérité contre laquelle le doute essaie, vainement, de se dresser.

... Tout d'abord, sans doute parce qu'il avait été aussi cuisinier — et en pied — à Djenan-ed-Dar, l'aide-bourreau, occasionnel et repenti, tint à me dire comment les hommes, là-bas, prenaient leur repas.

Sous les « tombeaux » alignés dans la cour, les disciplinaires sont étendus sur le dos, les deux bras allongés, ou couchés sur le ventre, un bras le long du corps et l'autre sous le front.

Tout à coup, un sifflet strident les met debout. C'est le sergent Mauson qui indique ainsi qu'il est dix heures du matin, — l'heure de la soupe.

Machinalement, comme des automates, ils prennent, devant leur « tombeau » respectif, la position du garde à vous.

Puis un commandement retentit :

— Marche !...

L'un après l'autre, les disciplinaires s'avancent vers la porte de la cuisine. Elle est trouée d'un guichet par lequel le cuisinier fait passer la gamelle et le quart de pain réglementaire.

Chaque homme saisit, de la main droite, sa gamelle qui contient une cuiller et, de la main gauche, son quart de pain. Puis il fait demi-tour et va rejoindre ses camarades.

Cependant, le sergent Mauson, embusqué là, tout près, préside à la manœuvre. D'un regard soupçonneux, il toise les hommes et ne cesse de tarabuster ceux qui, à son gré, sont trop lents.

— Allons... ouste !... Et alignement !...

Ils se placent devant leur « tombeau » et, d'un même geste, posant leur gamelle sur leur pain, laissent retomber le bras droit dans le rang.

Le chaouch lorgne, à demi penché et clignant de l'œil, la file des hommes, et rectifie les positions. Et cela dure un quart d'heure ou vingt minutes...

Pendant ce temps, la soupe s'est refroidie... Et les malheureux, affamés, n'osent remuer.

Enfin, le gradé jette un coup de sifflet. Tous, alors, disparaissent sous les « tombeaux » et, avidement, couchés sur le ventre, dépêchent comme des chiens leur soupe, — un mauvais bouillon maigre, où nagent quelques tranches de pain.

Ils doivent se hâter... Car, deux à trois minutes après, un signal, — toujours le même, — les fait se redresser... Et la voix du gradé lance :

— L'homme de droite, ramassez les gamelles !...

L'homme de droite obéit, et le chaouch, minutieusement, compte les récipients. Car il tient à constater que quelque malheureux n'a pas dissimulé sa gamelle pour achever de la vider à loisir.

Puis, c'est la rentrée sous le « tombeau », — jusqu'à la soupe du soir !

*
* *

Voici un fait qui prouve que, dans cet enfer de Djenan-ed-Dar, où sévissait le sergent Ibarne, — dont j'ai conté les exploits, — tous les gradés rivalisaient de férocité et s'ingéniaient à des raffinements de tortures.

Cinq hommes, punis, étaient arrivés de Béni-Ounif. C'étaient Champion, Divigoin, Duval, Clerc et Liolette... Après les avoir fouillés — et comment !... — on les avait roués de coups... Puis, ils avaient été jetés dans les cellules.

Un des prisonniers, Champion, dit à Steiner :

— J'en ai assez... Je vais faire un coup de conseil... Je pourrai au moins m'expliquer à Oran.

Les hommes s'étaient-ils concertés préalablement ?... C'est tout au moins probable... Toujours est-il que, dans la journée, trompant la vigilance de la sentinelle, ils descellèrent, s'ensanglantant les ongles aux arêtes, les pierres des murs construits avec de la boue séchée en guise de ciment.

Et, vers le soir, quand sonna l'heure de la soupe, ils étaient réunis dans la même cellule. Seul, Clerc était demeuré dans la sienne.

Mauson vint, comme de coutume, faire distribuer leur gamelle aux prisonniers. Dès que la porte s'ouvrit, il eut un sursaut de fureur.

Et Steiner, qui l'accompagnait, revit cette scène :

Le sergent était blanc de rage... Puis, aussitôt : « A la garde !... » rugit-il.

Les tirailleurs, en hâte, accoururent.

Mauson alors s'avança, menaçant, vers les prisonniers :

— Sortez !... commanda-t-il.

Aucun ne bougea.

— Ah ! vous ne voulez pas sortir ?

Sur l'ordre du chaouch, ils furent saisis et traînés de force dans la cour... Et, tout de suite, les coups commencèrent à pleuvoir. Tirailleurs, gradés se les renvoyaient de l'un à l'autre, comme des balles élastiques, frappant à coups de matraque, à coups de poing, à coup de pied.

Ce fut une scène atroce, — un spectacle de cirque antique.

Les quatre hommes, sanglants, titubaient, trébuchaient, tombaient, se relevaient, criaient, demandaient grâce...

Mais les bourreaux frappaient toujours, comme ivres d'une ivresse de sang.

Et toujours, les supplications se brisaient contre l'impassibilité farouche de Mauson, qui, de temps à autre, donnait l'exemple en assénant, magistralement, un coup de sa lourde matraque.

Liolette, le plus jeune, s'était mis à genoux :

— Sergent ! pardonnez-moi... Grâce, sergent !... Pitié pour ma mère... Elle pleure en France.

Mais Mauson ricana :

— J'en ai fait pleurer bien d'autres !

Et Steiner souligne encore l'horreur de cette scène, par cette réflexion :

— Je commençais à comprendre un peu le français... J'entendis qu'il parlait de sa mère... Et cela me remua, me donna un coup au cœur.

Enfin, las de frapper, les bourreaux s'arrêtèrent... Le sergent ordonna alors au Hongrois de ligoter les victimes.

Sous l'œil mauvais du gradé, il dut, plus fortement qu'à l'ordinaire, les enserrer dans l'étau des cordes et on les jeta, pantelants, râlants presque, sur les pierres qu'ils avaient descellées.

XVI

LA TORTURE DE LA « CORDE MOUILLÉE »

Et la nuit qui tombait ne mit pas fin à leur supplice.

Mauson avait fait faire du café. Il en distribua aux tirailleurs indigènes auxquels il ordonna de ne pas se coucher, et lui-même, jusqu'à l'aube, veilla, buvant et ripaillant, avec Steiner et le caporal des tirailleurs, dans la popote des sous-officiers.

Et, toutes les demi-heures, il venait cracher sa haine basse et féroce à la face des « ligotés » :

— Vous n'êtes pas des hommes !... les provoquait-il.

Puis, il lançait sur eux ses Arabes, ainsi que des bêtes fauves sur une proie.

Et s'acharnant, des pieds, des poings, des matraques, les indigènes et le chaouch ne se lassaient pas de torturer leurs victimes, immobilisées sur leur lit de pierres dures et pointues.

Cependant, Liolette devenait violacé... Son souffle se faisait pénible, ses yeux se creusaient affreusement... Et, pour la première fois, ému, Steiner, de temps à autre, instinctivement, allait rôder auprès de la cellule.

Une pitié entra en lui et il se hasarda à implorer le chaouch :

— Sergent, Liolette est trop jeune pour supporter tout ça... Il va mourir...

Mauson pivota sur ses talons et, rageusement, lança :

— Je m'en fous !...

Steiner insista :

— Mais, on pourrait peut-être relâcher ses liens ?

— Non !

— Alors je vais le ligoter avec une ceinture ?...

— Non... non... grinça Mauson. La corde à tous !... A tous !...

La corde ?... L'homme rejoignait les poignets derrière le dos. L'aide-bourreau les liait, puis ramenait sur les épaules la corde qu'il croisait sur la poitrine, pour avec, après, ligoter les biceps qu'il remontait aussi haut que possible !...

Et cette corde, — une des cordes de tirage des tentes, — Steiner avait l'ordre de la mouiller préalablement, pour qu'en séchant, elle se resserrât et entrât dans les chairs...

C'est, peut-être, le plus effroyable des supplices de ces enfers !

Aussi, quand à dix heures du matin, pour la distribution des gamelles, il fallut détacher les prisonniers, leurs bras ankylosés retombaient le long de leur corps, incapables de tout mouvement. Ils mouraient de faim et ne pouvaient toucher à la nourriture qui était là à leur portée.

... Et, pour les chaouchs de Djenan-ed-Dar, tout était prétexte à sévir, — c'est-à-dire à mise en cellule et à ligotage.

— Un tel... Vous êtes déboutonné... Quatre jours !...

— Un tel... Vous avez remué dans le rang... Quatre jours !...

La punition, agrémentée d'un motif « corsé », partait à Béni-Ounif. Elle en revenait décuplée...

Et Steiner remarque :

— Toutes les fois, le sergent Mauson me lisait le motif qu'il avait porté et me recommandait : « N'oublie pas !... » C'était pour que, — au cas où j'aurais été appelé comme témoin, — je dise la même chose que lui.

Ainsi, le grand silence du bled, là-bas, à Djenan-ed-Dar,

était troublé, le jour et la nuit, par les protestations, les plaintes et les hurlements des victimes, — les invectives, les menaces et les « distributions » des bourreaux...

XVII

JE FAIS FEU !... JE FAIS FEU !...

Un jour, le lieutenant de la Discipline fit parvenir un mot au sergent Mauson. Il lui mandait de venir prendre livraison, à Béni-Ounif, de quatre hommes punis : Sauvilat, Darias, Gannet et Duval.

Mauson se mit en route. Il emmenait avec lui Steiner, cuisinier des disciplinaires ; Désidéri, cuisinier de la popote des sous-officiers, et quatre tirailleurs indigènes armés.

Comme il se faisait tard, à l'arrivée à Béni-Ounif, on décida de ne repartir que le lendemain, avec les prisonniers...

Il y avait, dans la petite ville, des chanteuses de passage, — riche aubaine pour les gradés de l'Extrême-Sud, et Mauson tenait à profiter de sa nuit. Au colosse Hongrois, — admirable garde de corps pour un bourreau, contre des représailles toujours possibles de ses victimes — il avait demandé :

— Reste avec moi... Si tu n'as pas d'argent... je t'en passerai !...

Et tous deux de compagnie s'en allèrent boire et aimer jusqu'à l'aube, dans un hôtel où descendent d'ordinaire les hétaïres ambulantes qui, sous couleur de propager l'art lyrique, sillonnent les garnisons du Sud et propagent en réalité tout autre chose.

Mais Mauson, en s'éveillant, songea aux affaires sérieuses... Et il alla chercher ses prisonniers, qui, encadrés des tirailleurs, baïonnette au canon, prirent la route de Djenan-ed-Dar.

Dès que le convoi, après le passage de l'oued ne fut plus en vue de Béni-Ounif, masqué par une montagne, le sergent jeta un ordre bref :

— En ligne !...

Et la « grande manœuvre » commença.

Les quatre prisonniers, sans relâche, au pas gymnastique, s'agenouillaient, se couchaient, se relevaient. Sa nuit d'orgie n'avait fatigué ni la voix ni l'imagination du chaouch, si, autrement, elle l'avait « vanné ».

Comme lui-même ne tenait pas à courir, il employa un stratagème. Il fit aller les hommes en zigzag. De cette façon, il les rattrapait à chaque angle, en continuant à marcher au pas, d'une

LE SUICIDE DU HONGROIS STEINER

5

VICTIMES ET BOURREAUX. LE SERGENT MAUSON ET Cie

allure tranquille de bon bourgeois qui se promène. Seuls, Désidéri,
Steiner et les tirailleurs indigènes, à coups de poing ou de crosse
de fusil, harcelaient, talonnaient les prisonniers.

— J'étais épuisé, me dit Steiner... Car je n'étais pas entraîné
à faire la « bombe »... Ma nuit m'avait éreinté...

Mauson s'en aperçut et, comme venait à passer la voiture d'un
fournisseur, Ijacki, il autorisa le Hongrois à y prendre place pour
rentrer au détachement.

Il était donc, déjà, à Djenan, quand survint Mauson et son
escorte, poussant devant eux, comme un bétail, à coups de poing
et de pied, les quatre hommes punis. Le chaouch les fit s'étendre,
meurtris et en sueur, sous les « tombeaux ».

Mais, une fois les indigènes en allés, une rumeur s'éleva. Et
Steiner, de sa cuisine, vit tous les disciplinaires courant de-ci,
de-là... Il se précipita dans la cour.

Le cuisinier de la popote, Désidéri, se débattait désespérément
à terre, sous l'étreinte de deux ou trois disciplinaires qui se rou-
laient, sur le sol, avec lui. Mauson, blême de frayeur, se tenait
dans un coin, le bras tendu, le revolver en main, criant :

— Je fais feu !... Je fais feu !...

Cependant, aux cris du gradé, les tirailleurs étaient accourus.
Ils croisèrent la baïonnette tout contre les poitrines des révoltés et
les acculèrent au mur. Les pointes touchaient la chair et le Hongrois
eut, en un éclair, la vision rouge de l'arme qui perce et du sang
qui gicle...

Mauson, triomphant et cruel, ordonna à l'aide-bourreau :

— Ligote-les !...

Et celui-ci précise :

— Je courus chercher des cordes. Je réquisitionnai toutes
celles des tentes de tirailleurs... Il n'y en avait pas assez !...

Le chaouch, alors, se dévoua... Il n'y avait plus de danger à
redouter. Il pouvait opérer lui-même. Et, bientôt, il revint avec un
paquet de cordes et de ceintures de laine.

Et, comme l'aide-bourreau lui demandait :

— Qui faut-il attacher ?...

Il lui lança, la lèvre mauvaise :

— Tous !...

Steiner commença sa barbare besogne. L'un après l'autre,
il ficelait les hommes, sous la menace des baïonnettes... Et tous, —
ils étaient quinze, — y passèrent...

Les uns furent liés avec des cordes, les autres avec des ceintures. C'était Mauson qui faisait le choix...

Tout cela n'allait pas sans coups. Les tirailleurs tapaient et
crossaient dans le tas, et le sergent jouait de la matraque. Et, au

fur et à mesure, on emmena les cinq premiers vers les cellules. Les autres furent couchés le long du mur...

Duval implora le Hongrois pendant qu'il le ligotait :

— Lâche un peu !...

L'aide-bourreau fléchit. Il ne serra point les cordes à fond. Mais Mauson, qui l'épiait, s'était avancé, grondant, la matraque levée :

— Veux-tu l'attacher plus solidement ?...

Steiner dut bander ses muscles pour tirer la corde jusqu'à couper les chairs...

XVIII

UN MOT DE PITRE

Les quinze hommes, enfin ficelés, Mauson se mit à arpenter la cour. Une colère faisait son pas saccadé. Puis, au bout d'une demi-heure environ, il fit évacuer les cellules, désigna cinq des paquets humains restés dehors, — et ceux-ci prirent la place de ceux-là.

Le premier était un Marseillais.

— Ah ! tu es Marseillais ?... goguenarda le chaouch... Nous allons bien voir !...

Et le malheureux, atrocement roué de coups, fut traîné, comme une loque, sur le sol caillouteux de la cellule.

Le second était un nommé Peters, — qui s'était marié avant son incorporation. Il supplia :

— Ne me faites pas de mal !... Grâce !... J'ai une femme qui m'attend en France !

Un tirailleur répondit, à cet appel de pitié, par un coup de talon formidable dans les reins qui jeta Peters, pantelant, contre le mur de la cellule.

Mauson, lui aussi, avait voulu pousser du pied le disciplinaire, mais il le manqua, et, perdant l'équilibre dans son élan, il tomba à la renverse... Un soldat indigène dut le relever...

Furieux, le chaouch se précipita sur l'homme, entraînant avec lui les tirailleurs, et ce fut une grêle ininterrompue de coups... Le corridor des cellules fut bientôt rouge de sang.

Mauson, dont les poings étaient écorchés, excitait Steiner :

— Allons !... Tape là dedans !...

Le Hongrois montra ses mains, qui, elles aussi saignaient.

— Flanque des coups de pied !... hurla le gradé.

Le cuisinier Désidéri se signalait entre tous par sa brutalité... En voulant frapper Peters d'un coup de crosse, il atteignit de sa baïonnette la chéchia d'un tirailleur indigène.

— Prends garde !... gronda le soldat, en rajustant sa coiffure.

Car la rage des bourreaux était telle qu'elle se fût au besoin égarée sur leurs complices eux-mêmes.

Cependant, le chaouch résolut de procéder à une enquête. Il s'approcha des quinze hommes ligotés, étendus contre la muraille.

— Levez-vous !... commanda-t-il.

Ils essayèrent, mais, épuisés par la lutte soutenue, étourdis sous les coups, ils retombèrent lourdement.

Mauson eut alors un mot de pitre. Avec une grimace satisfaite, il grinça, guettant les rires approbatifs des indigènes :

— Ils rigolent, ces gars-là !...

Et, à ses sbires, il ordonna :

— Levez-les, nom de Dieu !...

Ce fut une scène à la fois tragique et grotesque. Les soldats indigènes — comme ils eussent fait de pantins en carton — prenaient les hommes sous les bras, les soulevaient, essayaient de les mettre debout sur leurs pieds... Les malheureux chancelaient, titubaient, flageolaient un temps sur leurs jambes amollies, puis s'écroulaient à nouveau.

Enfin, tant bien que mal, ils furent étayés contre le mur. Mauson s'avança et, à l'un d'eux :

— Pourquoi as-tu regimbé, tout à l'heure ? interrogea-t-il.

— Sergent, je n'ai rien fait.

— Qui, alors ?

— Je ne sais pas...

Crachant de basses injures, le chaouch s'approcha de l'homme et, déchirant son bourgeron :

— Tu n'es pas digne d'être vêtu !...

A un autre, il répéta les mêmes questions, — et comme des réponses identiques lui étaient faites, d'un revers de main, il jeta bas le képi :

— Tu es indigne de porter le képi !

Il tenait en main une matraque, courte et solide... Il en pointa un coup dans le ventre d'un troisième :

— Et toi ?... questionnait-il en même temps.

L'homme, sous la douleur, avait eu un soubresaut en arrière. Mauson le fixa de son regard métallique, dur et cruel ; puis, ironique, il grinça :

— Veux-tu rester immobile ?

A un autre, encore, il donna du genou dans le bas ventre... Le cinquième, il le jeta sur le sol, d'un coup de poing en plein visage.

Et la même scène sauvage se prolongea jusqu'à épuisement de la misérable théorie des quinze ligotés.

Puis, satisfait, Mauson déclara :

— Je vais faire mon rapport à « Zizi » !...

Zizi, c'est ainsi que, là-bas, entre sous-officiers, on désignait le capitaine Ambrosi, chef de la Discipline à Béni-Ounif.

Quelques jours plus tard, le capitaine vint, en inspection, à Djenan-ed-Dar. Neuf hommes, qui osèrent se plaindre à lui, — et dont le visage couvert d'ecchymoses témoignaient, pourtant, des tortures subies, — il les condamna chacun à quinze jours de cellule...

Et Steiner remarque :

— C'est toujours comme ça... Les bourreaux n'ont jamais tort... Et les victimes... qui réclament... c'est tant pis pour elles !...

XIX

UNE THÉORIE DE CAUCHEMAR

Du camp de Djenan-ed-Dar, toujours, une plainte persistante, obstinée, montait, déchirait le grand silence du bled. Les Arabes, qui passaient à proximité des baraquements, s'enfuyaient, à longues enjambées, pris d'une peur superstitieuse. Et la femme du portier-consigne — une Russe — s'effarait de cette lamentation incessante, poignante, comme un glas lointain...

Et, doucement, elle implorait l'aide-bourreau Steiner :

— Ne maltraitez plus ainsi les hommes !...

Le Hongrois avait alors un geste de sombre résignation :

— Que voulez-vous ?... On me commande. Je suis forcé d'obéir...

C'est que, dans cet enfer, tous les sergents rivalisaient de cruauté. Et le caporal Muzet, adjoint à Mauson, marchait glorieusement sur les traces de son chef :

Dès le réveil, Mauson commençait à tarabuster le caporal :

— Voyons, Muzet, on n'entend rien, ce matin... Qu'est-ce que cela signifie ?... Va donc leur faire un peu de « théorie »...

— Par qui me faut-il commencer, sergent ?

— Par le premier et tu finiras par le dernier.

Muzet se dirigeait alors, suivi de Steiner et des tirailleurs, vers les cellules. Il ouvrait la première et faisait amener l'homme, derrière le poste de police, dans une sorte de prison sans toit, — une cour étroite où l'on pénétrait en poussant une porte. Là, on mettait à nu le malheureux, on lui faisait prendre la position du garde à vous, la tête exagérément levée, et on le frappait au petit bonheur, n'importe où, jusqu'à ce que les bourreaux fussent las...

Deux ou trois soldats indigènes et le gradé suffisaient à cette tâche... Mais les autres ne demeuraient pas inactifs. Ils formaient la haie, de chaque côté de la porte, et lorsque le torturé sortait, tout nu, emportant ses effets sur son bras, il était comme enveloppé d'une grêle de coups.

Si, dans sa hâte à s'enfuir, il laissait tomber une des pièces de son vêtement, il devait venir la rechercher, — sous le déchaînement des poings, des talons et des matraques.

En longues traînées, le sang éclaboussait de rouge les murs de terre de la petite cour.

Et Steiner précise :

— C'était moi qui, après chaque « théorie », piquais les murs à petits coups de marteau, pour enlever les taches.

Puis il ajoute :

— J'en ai vus qu'on a frappés ainsi pendant une demi-heure... Ils sont tombés trois à quatre fois... Les tirailleurs les relevaient à coups de pied dans les reins.

Et le caporal, qui présidait à la « théorie », les harcelait :

— Allons, debout !... Pas de chiqué !...

Parfois, au moment de la fouille, lorsqu'un homme mis à nu regimbait sous les coups, on le ligotait tel quel, sans prendre le temps de le faire se rhabiller.

*
* *

Car tout était prétexte à assommade. Et si le prétexte se faisait attendre, Mauson excellait à le provoquer.

Il avait son moyen préféré. A pas étouffés, il venait dans le corridor des cellules. Brusquement, il heurtait du pied une des portes closes. Puis, après s'être éloigné silencieusement, du dehors il criait :

— Qu'est-ce que tu veux... toi, là-bas ?...

— Rien, sergent !...

— Comment ?... Rien ?... Tu tapais dans la porte... Tu voulais démolir le casernement, sans doute ?...

— Pardon, sergent...

— Tais-toi... Ou je te la ferme !... hurlait le chaouch.

Puis :

— Ah ! nous allons bien voir si, à côté, on n'a pas entendu...

Et ouvrant la cellule voisine, il prenait un témoin :

— Tu as entendu ?... Il a cogné contre la porte, hein !...

— Oui, sergent, balbutiait l'autre, pris de terreur.

Alors, Mauson brutalisait le soi-disant « démolisseur » et le faisait ligoter pour « l'empêcher de commettre des dégâts ». Et, toujours, il portait le motif. Coût : trente ou soixante jours de cellule.

D'autres fois, avec ses tirailleurs, le chaouch passait dans le corridor et, d'un coup, tirait, toute grande, la porte d'une cellule.

L'homme devait immédiatement prendre la position du garde à vous et, tête levée, faire face au sous-officier.

— Allez !... commandait-il.

Et, aussitôt, comme une meute bien dressée, les soldats indigènes sautaient sur le prisonnier et cognaient à tour de bras.

*
* *

Un jour, un Parisien, Moussot, est poussé en cellule... Il revient de la petite cour à la « théorie » où, comme il se baissait pour ramasser ses vêtements, le sergent Darcours, d'un coup de son nerf de bœuf, lui avait fait une large déchirure au front... Il est tout nu, car, aveuglé par le sang, il n'a pu se rhabiller. Il a un des yeux horriblement poché... La peau, sur les côtes, s'est boursouflée, sanguinolente, sous les coups de matraques... Et ses bourreaux le laissent, là, râlant, sur le sol.

Le lendemain, à l'aube, Mauson et Darcours surviennent... Moussot ne peut se mettre au garde à vous... Ils le prennent par-dessous les bras, l'appuient, vacillant, contre le mur de la cellule... Sa respiration, courte, pénible, s'est faite sifflante.

Mauson, d'abord, se gausse :

— Ben ! quoi donc !... Tu siffles ?...

Lui, dans une sorte de plainte faible, — une supplication d'enfant :

— Non... sergent... j'peux plus souffler !...

Une inquiétude saisit les chaouchs : tout de même, l'homme est bien bas. Alors, l'un d'eux :

— Je vois ce que tu as... On va te faire « voiturer » à l'infirmerie du toubib, à Béni-Ounif... Mais si, là-bas, on te demande comment tu étais traité ici, tu répondras que t'y trouvais bien... Entends-tu ?

— Oui, sergent... J'ai compris... J'étais très bien traité ici.

Il essaie de sourire, — et la grimace de cette tentative est effrayante !...

*
* *

Et Steiner me narre cette autre scène, qui montre bien que Darcours — dont le nerf de bœuf s'alourdissait, à l'un des bouts, d'une boule de plomb — ne le cédait en rien à Mauson et à Ibarne pour la férocité...

En compagnie de Mauson, il recevait les hommes punis des Bat' d'Af... Parmi eux, se trouvait un nommé Poulain.

Darcours s'étonna :

— Comment !... Tu t'appelles Poulain ?... D'où es-tu ?...

L'homme indiqua le nom de son village :

— Cochon !... s'emporta le chaouch... Tu es mon « pays » !...

Et, s'élançant sur lui, il lui asséna en pleine figure un coup de poing formidable qui l'abattit. Puis, avec son terrible nerf de bœuf, rageusement, il s'acharna sur le pauvre bougre.

Quand il fut las de frapper, il concéda :

— Puisque tu es mon « pays », tu en as assez... pour une fois... Va-t'en...

L'homme, qui se présenta après Poulain, était un grand gaillard barbu, de trente ans environ.

— Tu vois celui-là, dit Darcours à Mauson, c'est un vieil ivrogne... Il n'est pas méchant, mais il a, tout de même, besoin d'être dressé.

Se penchant vers le bat' d'Af, il saisit entre le pouce et l'index trois à quatre poils de sa moustache. Puis :

— Qu'est-ce que c'est que ces sales crins ?...

Et, en même temps, il arrachait brusquement la touffe de poils qu'il tenait entre ses doigts. Sous la douleur, l'homme pâlit et ses yeux se mouillèrent de larmes. Le chaouch, cependant, impitoyable, avait récidivé.

A la troisième touffe arrachée, le bat' d'Af, en un sursaut de souffrance, tournoya, chavira dans les jambes de Mauson.

— Allons bon !... des voies de fait, maintenant !... grogna, ironiquement, le copain de Darcours.

Et il allongea un coup de pied à l'homme à terre, qui, d'une voix dolente, murmura :

— Non, sergent, je ne fais rien.

Ce fut au tour de l'autre chaouch à goguenarder :

— Tu l'entends ?... Il se fout de toi...

Tous deux alors tombèrent sur leur victime, qu'ils brutalisèrent et torturèrent à l'envi...

Parfois, ces scènes d'horreur avaient lieu en dehors du camp. On emmenait les hommes dans le bled. Et, là, on les frappait, on les martyrisait, sans pitié... Ce fut le sort du nommé Politi, — presque un vieillard, blanchi aux compagnies de discipline ; le sort, aussi, d'un nommé Lation, dont le caporal Muzet manqua de faire sauter l'œil d'un coup de pied.

Innombrables sont les victimes de ces brutalités immondes...

Champion, Cendron, Charpentier, Jacob, Pastor, Havet, Carmel,
— et combien d'autres ! — peuvent en témoigner, comme tous ceux
dont j'ai déjà cité les noms.

*
* *

Darcours et Mauson, tout comme Ibarne, se montraient d'ailleurs glorieux de leur « énergie » et ils aimaient à en faire éta-
lage devant leurs amis et connaissances.

A chaque instant, c'étaient, à la popote des sous-officiers, des
« nopces » et festins, dont l'ordinaire faisait les frais.

En dépit des règlements, le fournisseur livrait la viande tout
d'un bloc : ce qui revenait aux hommes et ce qui revenait aux
gradés.

Quand le cuisinier en avait pris livraison, Mauson survenait :

— Montre un peu !...

Et, à vue de nez, au petit bonheur, du morceau, il faisait deux
parts, et mettait de côté la plus grosse.

— Ça, c'est pour nous.

Naturellement, lorsque les gradés avaient des invités, — et des
invitées, car le plus souvent possible, ils faisaient venir des
femmes, — la portion des disciplinaires était outrageusement
réduite.

Et les malheureux, mordus aux entrailles par la faim, entendaient, sous leurs « tombeaux », les rires et les chansons à boire
dont retentissait la popote des sous-officiers, — où on faisait
ripaille...

XX

LE JARDIN DES SUPPLICES

Djenan-ed-Dar !... On ne prononçait ce nom, dans les garnisons du Sud-Oranais, qu'en baissant la voix, — et avec un frisson
de terreur... Les disciplinaires tremblaient d'y être envoyés.

De quels appels déchirants, de quelles plaintes lancinantes et
douloureuses ont retenti les échos du bled, autour des baraquements de cette sinistre prison de la Discipline, où, nuit et jour,
baïonnette au canon, et rôdant, perchés sur les murs, des tirailleurs indigènes veillaient, — prêts à faire feu !

Djenan-ed-Dar ! Cela signifie, en arabe : « le jardin de la
maison »... Le vrai nom eût été, j'imagine, celui qu'Octave Mir-

beau a donné pour titre à une de ses œuvres — celle qui terrifie — et dont il a placé l'action chez les bourreaux d'Extrême-Orient : *Le Jardin des Supplices.*

Djenan-ed-Dar !... Oui, c'est là que, il y a quelque dix ans, Aernoult fut torturé, supplicié... Aernoult dont le cercueil, ramené de là-bas, défila, à travers Paris, devant une foule pénétrée de pitié.

Sombre et tragique histoire que celle-là, aussi, — et que l'on n'eût, sans doute, jamais connue sans le disciplinaire Rousset, qui, s'étant dressé en face de l'hypocrisie des rapports des chaouchs, — qui déclaraient que la victime était morte d'une congestion, — avait clamé la vérité.

C'est par lui qu'on avait su qu'Aernoult, bâillonné, mis à la crapaudine, avait été frappé à coups de matraque jusqu'à la mort. Et, sans lui, le linceul du silence eût à jamais recouvert ce nouveau crime !...

Ce beau geste devait coûter cher au courageux disciplinaire.

Une première fois, sous prétexte d'outrages et de refus d'obéissance, il passa au conseil de guerre, où, malgré des témoignages favorables, il fut condamné à cinq ans de prison.

Ardemment, je protestai, — d'autres aussi. On s'émut en haut lieu, et Rousset fut gracié et envoyé dans une colonne de chasseurs du 2ᵉ bataillon d'infanterie légère en expédition au Maroc.

Mais les bourreaux d'Aernoult allaient avoir à répondre de sa mort. Le témoignage de Rousset était accablant pour eux. Il fallait l'affaiblir, — voire l'annihiler.

Comment ?... On se servit d'un de ces drames louches, qu'on ne saurait s'expliquer dans la vie normale, et qui n'ont lieu que dans ces milieux corrompus. Un chasseur, Brancoli, un soir, après l'appel, au cours d'une scène d'horrible luxure, avait été frappé d'un coup de couteau au ventre.

On jeta ausitôt en cellule cinq détenus, de l'entourage de la victime. Du nombre, se trouvait Rousset. Et ce fut comme une joie parmi la garde-chiourme :

— Ce ne peut être que lui !...

Et le lieutenant Pan-Lacroix, chargé de l'enquête, laissa percer le secret désir de trouver Rousset coupable. Il interrogea Brancoli, et tout de suite :

— C'est Rousset qui t'a frappé ?

— Non... Ce n'est pas Rousset... Ils étaient cinq !

Vainement, le lendemain, l'officier revint à la charge :

— Puisque nous le connaissons, l'auteur, dis-nous qui c'est ?...

— Je ne sais pas... Je souffre, murmura le blessé.

Mais l'autre, encore, insista :

— Ce n'est pas Rousset ?...

— Non !...

Et, jusqu'à sa mort, le moribond persista à déclarer que son meurtrier n'était pas Rousset.

N'empêche que celui-ci fut déféré au conseil de guerre d'Alger. Le lieutenant Pan-Lacroix, dans son rapport d'instruction, avait passé sous silence les déclarations de Brancoli innocentant Rousset, Soigneusement, il avait fait état des dépositions intéressées et au moins suspectes, et, délibérément, il avait écarté celles qui pouvaient être favorables à l'accusé. De même, au lendemain du meurtre, il s'était obstiné à refuser au disciplinaire de le confronter avec sa soi-disant victime.

Pour sauver les bourreaux d'Aernoult, la garde-chiourme avait résolu de faire une victime de plus.

Et les juges militaires, avec une imperturbable sérénité, condamnèrent Rousset à vingt ans de bagne.

Heureusement, la cour de Cassation, devant laquelle s'était pourvu le disciplinaire innocent, se prononça dans le sens de l'équité, — et cassa l'arrêt scandaleux du conseil de guerre d'Alger.

Et Rousset, — le malencontreux empêcheur de torturer en rond — dont la camarilla des bourreaux avait voulu, simplement, se débarrasser, en l'accusant sans preuves d'un crime, fut encore une fois gracié !...

Tout de même, quel courage moral avait montré ce gamin de grande ville qui, orphelin à douze ans, jeté en proie à toutes les tentations mauvaises de la rue et du ruisseau, avait été élevé à l'école du vice !... Il avait commis quelques fautes de jeunesse... Pourtant, l'amour de la vérité et de la justice avait parlé, en lui, si haut, qu'il n'avait pas hésité à braver les pires tortures pour s'élever contre l'impunité accordée à des tortionnaires.

Ce geste l'a racheté et a fait de lui, véritablement, un homme...

*
* *

Mais les bourreaux, à Djenan-ed-Dar, ne se contentaient pas d'assommer — de tuer. Histoire de varier les supplices, — et pour la rigolade — ils avaient parfois des trouvailles d'un sadisme de déments.

C'était en décembre, un samedi, jour de lessive — et la bise soufflait aigre. Les hommes frottaient, pour les bien laver, leurs nippes, car ils n'avaient pas de savon. On en touchait à Djenan, mais on n'en distribuait aux disciplinaires que de temps à autre, et encore un morceau gros comme le pouce.

Salami, un ancien instituteur, s'évertuait à frotter et à frotter dans l'eau. Mauson, qui le regardait faire, tout à coup s'emporta :

— Tu ne laves pas bien !...

Et aux disciplinaires Antoine et Harent, il ordonna :

— Foutez-moi ce salaud-là dans la flotte !...

Les hommes hésitèrent ; puis, sous la menace de la matraque levée, ils saisirent Salami et le plongèrent dans le bassin.

— Frottez-le avec des brosses ! inventa le gradé.

Et quand, tout transi et ruisselant, Salami surgit de « la flotte », le chaouch, narquois, gouailla :

— Hé !... Un bon bain... hein ?...

Comme si le plongeon, dans l'eau glacée, eût épuisé tout le souffle de sa gorge, le malheureux haleta :

— Oui... sergent...

... Un mois plus tard, à bout de souffrance et pour changer d'enfer, Salami lançait sa gamelle à la tête d'un gradé. Il passa en conseil de guerre et fut condamné à cinq ans de travaux publics...

... Un autre jour, c'est le sergent Ibarne qui fait irruption dans une cellule. Un disciplinaire est là, couché à même le sol, à la « crapaudine », — les poignets joints derrière le dos et attachés aux talons ramenés vers les cuisses. Son supplice se prolonge depuis des semaines. Il lui faut, pour manger et pour boire, laper comme un chien à même la gamelle ou le quart d'eau, — et il est dans ses excréments.

— Ça « fouette », là dedans !... s'encolère le chaouch. Ce cochon-là va nous foutre le choléra !... Faut voir à te le bichonner !...

Il le couvre d'injures ignobles, puis il donne des ordres à sa meute de tirailleurs indigènes qui est, là, derrière lui. Peu après, dans une immense cuve d'eau bouillante, le prisonnier est jeté, tout ficelé, — tel un paquet humain. Il pousse de si effroyables hurlements qu'une peur saisit les tortionnaires. En hâte, ils le sortent de ce bain infernal. Mais il est trop tard...

Ils l'avaient, à vrai dire, ébouillanté vif, — puisque, tout de suite chargé sur une voiture pour être dirigé sur l'infirmerie de Béni-Ounif, l'homme, toujours hurlant, expirait dès la mise en route...

*
* *

C'est ce même chaouch qui, avant d'appliquer le bâillon à ses prisonniers, prenait soin, au préalable, de faire tremper, — mariner, si l'on peut dire — dans une décoction de piments rouges, le linge ou l'étoffe qu'on enfournait dans la gorge du patient.

Les hommes, ainsi bâillonnés, bavaient comme des loups enragés...

Des sous-officiers : le sergent Donin, les adjudants Turot et Dubois, m'ont affirmé avoir été, impuissants, les témoins de pareils faits d'atrocité, — ailleurs qu'à Djenan-ed-Dar. Parbleu ! dans ces enfers que sont tous les bagnes militaires, les monstres de cruauté, vite, font école !...

N'est-ce pas à ces monstres de Djenan-ed-Dar qu'on doit, également, cette trouvaille : badigeonner, avec un sirop de sucre, la figure des pénitentiaires, pieds et poings liés, sous le « tombeau », raidis dans une immobilité de cadavres ?... Des mouches, alors, et encore des mouches bourdonnaient et tourbillonnaient, en essaims, autour de l'homme, comme autour d'une charogne, puis se posaient sur lui, le suçotaient, lui chatouillaient la peau, l'horripilaient — le rendaient fou !...

Toujours est-il que c'est là, encore, un de ces raffinements diaboliques dans la barbarie dont ne font pas fi les tortionnaires militaires. Ecoutez, plutôt, cette plainte, — elle est du mois de juillet 1922 — d'un pégriot du pénitencier marocain de Dar-bel-Hamri, détaché au camp de Sidi-Moussa :

« ... J'étais couché par terre, les mains enchaînées en croix « derrière le dos. On m'avait roué de coups ; j'avais le visage cou-« vert de sang coagulé et j'étais la proie des mouches. Trouvant « probablement qu'il n'y en avait pas encore assez, le sergent Pan-« nard me fit frotter doucement par un Sénégalais avec un chiffon « mouillé d'eau très sucrée Quelques minutes après, l'eau s'étant « évaporée, il ne restait que le sucre adhéré à la peau. Ce fut alors « par centaines que les mouches vinrent me recouvrir. Je restai « ainsi du samedi au jeudi suivant. »

Et si, contre mon habitude, je fais état des dires d'un pénitentiaire, — dires qu'on est toujours enclin à taxer d'exagération, — c'est que leur véracité est affirmée par le président de la section de Meknès de la Ligue des Droits de l'Homme. J'ai, sous les yeux, l'enquête menée par ce brave homme qui est aussi un homme brave.

Et puis, quoi d'étonnant qu'on retrouve, transplantées, et cultivées avec soin, un peu partout dans les autres bagnes militaires, des fleurs, et non les moins rutilantes, du « Jardin des Supplices » de Djenan-ed-Dar ! Cueillons-en encore une...

Un matin, un peu avant l'heure de la soupe, le sergent Ibarne s'amène, tirant au bout d'une corde un chien arabe à demi sauvage, efflanqué, tout pelé par la gale. Un soldat indigène, derrière l'animal, le harcèle d'une mince baguette, pour hâter sa marche.

LES SERGENTS MAUSON ET DARCOURS ENVOIENT LE DÉTENU MAUSSOT A L'HOPITAL

6

LE SERGENT IBARNE, LE CHIEN GALEUX ET LES GAMELLES !!

Le chaouch a le sourire :

— Vite, qu'on apporte leur pâtée à ces gaillards-là !... rigole-t-il.

Puis, les gamelles, une fois alignées à terre, tout au long, avec une face sinistre de joie, doucement, il promène son immonde bête, qui, au passage, plonge une repoussante gueule affamée dans la soupe de chacun des hommes étendus, ficelés, sous les « tombeaux »...

Eh bien ! au camp de Kenadsa, dans le Sud-Oranais, il y avait, — l'année dernière, — un adjudant qui faisait de même pour son chien. Celui-là, il est vrai, n'était pas galeux. C'est pourquoi, sans doute, ce chaouch, lui, dans la soupe qui restait dans la gamelle, pour que l'homme ne fût pas tenté de la finir, jetait une pleine poignée de sel...

... Et la France est une nation civilisée !...

<h1 style="text-align:center">XXI</h1>

LA DUPERIE DES ENQUÊTES MILITAIRES

Autour des pénitenciers qu'ils avaient transformés en nécropoles et où ils entassaient des cadavres, les chaouchs entendaient que régnât à perpétuité un silence de tombe.

Et voici que j'avais porté la torche dans les ténèbres où se terraient les bourreaux ; voici que j'avais traduit, pour le public, les sanglots, les râles de leurs victimes.

Ce fut, chez les tortionnaires, d'abord un écrasement de stupeur ; puis, soudain, un sursaut d'effarement — comme un vol éperdu d'oiseaux de nuit, surpris dans une cave par un rayon de lumière.

Pas un remords ne les tenailla devant l'horreur des révélations. Un seul désir les saisit : trouver — et faire venir à résipiscence — celui ou ceux qui leur enlevaient, comme à un malade on prend sa morphine, la joie sadique de torturer en rond...

C'est qu'une enquête, immanquablement, allait être ordonnée par le ministre de la Guerre. Et il s'agissait, cette fois encore, de parer le coup.

Un peu partout, aux portions centrales des compagnies de discipline et des pénitenciers, des conciliabules, en hâte, furent tenus par les chaouchs.

Les victimes ?... Quant à elles, ça irait tout seul. Ils les tenaient. A coups de menaces de nouveaux et plus atroces supplices ils se chargeaient de « la leur fermer ». Il y avait bien, peut-être, à pou-

voir jaser, ceux qui vivent autour des établissements, et des détachements pénitentiaires !... Mais, bah !... cette terreur, qui pèse
si lourdement sur les bagnes militaires, n'avait-elle pas débordé au
dehors ? Les commerçants ? Ils ne parleraient pas, dans la crainte
d'une mise à l'index qui les acculerait à la faillite. Les colons ?...
Ils tiennent à leur tranquillité. Pourquoi iraient-ils s'exposer à des
représailles, en se mêlant de ce qui ne les regarde pas ?...

Et voilà !... Passez, muscade !

Car, renouvelant, à leur façon, le serment du Jeu de Paume,
les chaouchs, tous, avaient juré de taire la vérité. Ils nieraient tout :
supplices, meurtres, assassinats. Parbleu ! Il n'était pas tombé dans
l'oreille de sourds le conseil suprême que, devant la guillotine, un
assassin fameux, Avinain, avait jeté à ses émules à venir :
« N'avouez jamais ! »

Donc, ils étaient parés, — comme disent les matelots. Et le
sous-officier Cazenave, — un des « as » de la torture, — qui passait pour avoir le sens exact des choses, eut le mot de la situation :

— On peut tourner le disque : la voie est libre pour le train
de ces messieurs les enquêteurs officiels !

C'est, assurément, dans ce train qu'avaient pris place, avec le
général Servières, commandant le 19ᵉ corps d'armée, à Alger, les
officiers enquêteurs désignés par le ministre.

Toujours est-il que, peu après, le général Servières osait faire
lire, dans toutes les garnisons de l'Algérie, l'ordre du jour suivant :

« Les attaques violentes menées depuis plusieurs mois dans
« quelques journaux contre les officiers et gradés des détachements
« pénitentiaires et des corps d'épreuve ont vivement ému l'opinion
« publique et ont douloureusement impressionné l'armée d'Afri-
« que.

« Une enquête minutieuse et impartiale s'imposait, et le haut
« commandement, en la prescrivant, a cherché avant tout à déga-
« ger la vérité pleine et entière. Cette enquête a été longue, mais
« les résultats sont probants.

« Le général commandant le 19ᵉ corps d'armée a le devoir de
« proclamer hautement, par voie de l'ordre, que les accusations qui
« ont été formulées sont calomnieuses ou défigurées pour les
« besoins de la cause. Ceux qui mènent cette triste campagne ont
« commis une mauvaise action, en accueillant, sans les contrôler
« suffisamment, et en publiant des récriminations qui émanent
« d'égarés ou de gens que l'armée avait rejetés de son sein.

« Afin que les gradés auxquels incombe la délicate mission de
« servir dans les établissements pénitentiaires et dans les corps
« d'épreuve ne se laissent pas décourager, le général commandant

« le 19ᵉ corps, qui les connaît bien depuis longtemps, tient à leur
« dire qu'ils ont toute son estime et toute sa confiance. »

Tambour !... Ran-plan-plan !...
Tout de même, n'était-ce pas le comble de l'audace ?... Eh !
oui, c'étaient les bourreaux qui prenaient figure de victimes.
Aussi, à la lecture de cet ahurissant bobard, ce fut un chahut
de liesse délirante chez les chaouchs :
— Ce sacré Servières, hein ? il était un peu là !...
Et, autour des pénitenciers, dans les bars qui ne désemplis-
saient pas, on but et rebut à la santé du général, avec des hoquets
ponctuant des chants d'allégresse.
Ah ! ce ne serait pas encore pour cette fois, la suppression du
bagne militaire. Et, pour un peu, les bourreaux eussent dansé, — le
pas de la Torture, — devant l'arche reconquise sur les Philistins.

*
* *

Toutes les révélations que j'avais produites sur les horreurs
des bagnes militaires, je les avais contrôlées et étayées de preuves,
au cours de mon enquête.
Et les tortionnaires, eux-mêmes, nommément désignés par
moi, n'avaient pas osé s'inscrire en faux contre mes accusations.
N'empêche que, malgré l'évidence, par esprit de corps autant
que par déformation professionnelle, le haut commandement algérien, solennellement, proclamait que ces édifices de honte que sont
les établissements pénitentiaires n'abritaient pas de la cruauté et de
la barbarie.
— Non ! ça, jamais !... avait protesté le général Servières.
Puis, péremptoire, ce grand chef militaire qui m'a tout l'air
d'un type dans le genre de M. Joseph Prudhomme, avait tranché :
— C'est mon opinion, et je la partage.
Et pour la faire partager également au ministre de la Guerre,
là, véritablement, cet homme avait eu une trouvaille. Nouveau
Samson, en guise de mâchoire d'âne, pour réduire en miettes les
« calomniateurs » des chaouchs, il brandissait un argument-
massue.
Hé ! quoi !... On accusait les gradés des compagnies de discipline et des établissements pénitentiaires de torturer et de supplicier. Mais, comment le pourraient-ils, puisque les fers, qu'on disait
être les instruments de torture et de supplice n'existaient plus.
Triomphalement, le général Servières rappelait au ministre de

la Guerre une vieille instruction ministérielle, en date du 2 novembre 1902, qui ordonnait :

« Les châtiments corporels doivent être rigoureusement pros-
« crits, au nom de l'humanité ; ils constituent un traitement dégra-
« dant, dont la tache rejaillit sur l'autorité qui la prescrit. »

Même, aux termes des règlements anciens, — instruction ministérielle du 6 janvier 1844 — les fers, théoriquement, ne devaient jamais être une punition. On n'avait le droit d'en user que lorsqu'un disciplinaire ou pénitentiaire, par sa fureur ou ses violences graves, menaçait la sécurité de ses supérieurs ou de ses codétenus. Leur destination était donc, par définition, d'empêcher un énergumène de nuire... Ils étaient, en somme, aux hommes des compagnies de discipline, à tous les degrés, ce que devrait être la camisole de force aux aliénés.

Alors ?...

Oui... mais ce que se gardait bien de dire le brave général Servières, c'est que, dans les bagnes militaires, les fers n'étaient abolis que... sur le papier... Jamais les chaouchs n'ont cessé de les appliquer.

Des preuves !... Voici — quelque dix ans après la suppression, par le ministre, des fers — une liste des hommes mis aux fers, « pour un nombre d'heures indéterminé », à Douéra, sur l'ordre du commandant, durant les cinq mois qui avaient précédé mon enquête dans ce pénitencier :

« 8 juin. — Blanchard.
« 9 juillet. — Blanchard.
« 10 juillet. — Charbonneau.
« 31 juillet. — Raoux.
« 11 septembre. — Bréjean.
« 13 septembre. — Reverdy.
« 30 septembre. — Charbonneau.
« 12 octobre. — Colombin.
« 7 novembre. — Blanchard. »

Les noms de ces hommes figuraient sur le « cahier » de punitions du pénitencier.

Encore n'étaient-ce, là, que les seules mises aux fers mentionnées — c'est-à-dire appliquées officiellement.

Car l'hypocrisie des tortionnaires a inventé la punition « à l'œil » — celle qu'on inflige sans motif et sans la faire figurer au cahier. On espère ainsi cacher en partie la honte d'un régime féroce d'arbitraire.

Voilà comment, à Douéra, — ainsi, d'ailleurs, que dans tous

les autres bagnes militaires — on interprétait la lettre et l'esprit de l'instruction ministérielle du 2 novembre 1902 — et même de l'instruction ministérielle du 6 janvier 1844. A tout propos, on employait les fers et ils étaient toujours là comme, à la fois, une menace et une provocation.

Des preuves encore !... Il y avait au poste du pénitencier, quatre menottes et six pédottes en permanence.

Des preuves, toujours !... Lorsque le commandant envoyait les hommes en détachement, sous la garde de sous-officiers, là encore il y avait des fers. Au détachement de Staoueli, il y avait quatre menottes et quatre pédottes ; au détachement d'Haouch-el-Bey, il y avait également quatre menottes et quatre pédottes.

Comme il y avait bien aussi plusieurs paires de pédottes et de menottes, au détachement de Dahara, où le 14 juillet dernier — ainsi qu'on le lira plus loin — deux hommes, en même temps, subissaient le supplice des fers.

*
* *

Vrai ! En face de cette accumulation de preuves indéniables, — matérielles, — de la cruauté arbitraire des chaouchs, que pèsent les soi-disant « résultats probants » de la soi-disant « enquête minutieuse et impartiale » du haut commandement algérien, qui avaient fait « un devoir » au général Servières « de proclamer hautement, par la voie de l'ordre », que ces mêmes chaouchs avaient été « calomniés » et qu' « ils avaient toute son estime et toute sa confiance » ?...

Au surplus, voici qui éclaire d'un jour cru la collusion du haut commandement avec les bourreaux.

L'article 14 du décret, qui réglemente les établissements pénitentiaires militaires, en date du 26 janvier 1900, prescrit :

« Le commandant tient le registre de moralité des détenus, « ainsi que leur feuillet mobile de punitions... A la fin de chaque « trimestre, il adresse au ministre, par la voie hiérarchique, un « état de moralité des détenus... »

Or, sur les états de moralité adressés, trimestriellement, du pénitencier de Douéra, au général commandant le 19ᵉ corps, figurait la mention des mises aux fers.

Et la liste, que j'ai donnée plus haut, des hommes de cet établissement pénitentiaire à qui cette punition avait été officiellement appliquée, c'est à Alger que j'ai pu la dresser au vu, précisément, de ces états de moralité.

J'ajoute que ces pièces, en dépit de la prescription du décret précité, ne parvenaient jamais jusqu'au ministre de la Guerre. Du moins, il était alors de tradition, au haut commandement algérien, de les « étouffer » au passage.

C'est ainsi que le général Servières pouvait, d'un cœur léger, surprendre la bonne foi du chef de l'armée en niant le supplice des fers.

C'est ainsi qu'on avait su dérober, à ce même chef de l'armée, les iniquités, les turpitudes, les tortures, les meurtres, les assassinats, qui déshonorent le régime de répression militaire, — et faire que ces hontes pussent, impunément, se perpétuer.

Et c'est ainsi, également, que des disciplinaires et des pénitentiaires sont toujours menacés des mêmes effarantes horreurs, là-bas, dans la solitude africaine où on souffre, où on pleure, où on apprend la haine, — et où on meurt...

*
* *

Tout de même, quand, de temps à autre, les plaintes de damnés d'un de ces enfers se font jour, parviennent jusqu'à la presse, dans le monde des chaouchs, alors, on se méfie, on est sur l'œil. On cesse de torturer en rond. Ça dure trois mois... six mois. Et puis ça recommence comme devant, — et de plus belle !

— Une preuve, — dans le tas !... Il y a à peine quelques mois, au camp de Dahara, détachement du pénitencier de Dar-Bel-Amri, deux détenus, Dufresnoy et Darras, étaient mis aux fers. De motif, aucun. A quoi bon ? C'était un jour de fête, le 14 juillet, et des chaouchs avaient trouvé ça : torturer deux hommes, horriblement, jusqu'à faire gicler le sang des chairs tenaillées, histoire de se distraire un brin, de rigoler en long et en large des grimaces de souffrance des suppliciés. Et, à Dufresnoy, qui n'avait pas assez bien pris la chose, on lui logeait, quatre jours plus tard, à bout portant, une balle dans la tête : lâchement, on le tuait, pour lui apprendre à vivre.

Et il est arrivé qu'au lendemain de semblables faits de cruauté révoltante — au sang des victimes encore tout chaud — on ait porté à la tribune de la Chambre l'odieux scandale des bagnes militaires. Mais, invariablement, le ministre de la Guerre, interpellé, à quelque époque que ce fût, a répondu :

— J'ai ordonné une enquête, et toutes les abominations dont on parle sont vieilles de dix ans.

Une enquête militaire !... Quelle misère, quel leurre, que ces sortes d'enquêtes qui ne doivent conclure qu'au mal fondé des récriminations des disciplinaires et des accusations contre les chaouchs !

Parbleu !... tenus de s'adresser aux intéressés, c'est-à-dire aux bourreaux, ces singuliers enquêteurs, qui marchent aux ordres, — aux ordres du haut commandement algérien, — ne peuvent recueillir que des dépositions intéressées, c'est-à-dire contre les victimes.

Et si, d'aventure, l'un d'eux, — officier ou sous-officier, — a une révolte de conscience devant les abominables pratiques des chaouchs et se mêle de vouloir dire la vérité, malheur à lui. On le brise sans pitié.

C'est l'histoire du commandant de spahis Ollivier, qui, chargé d'une enquête par le ministre de la Guerre dans les établissements pénitentiaires, courageusement, dans son rapport, avait écrit qu'il avait rencontré des hommes aux fers et que les disciplinaires étaient odieusement torturés.

Son chef, le colonel Fix, qui l'appréciait, tout ému, l'avait informé :

— Votre rapport a fait un très mauvais effet à Alger. Ce n'est pas cela du tout. On va envoyer un général faire une nouvelle enquête.

Et le général fit une enquête qui, naturellement, concluait que tout était pour le mieux dans le meilleur des bagnes militaires. Cependant que le commandant Ollivier, bien qu'officier distingué, plein d'avenir, se voyait dans l'obligation de quitter l'armée.

*

* *

Mais, pour être pleinement édifié, il faut avoir vu à l'œuvre, en pareille occurrence, un général enquêteur, — comme il m'a été donné de voir le général Servières, au détachement de Drenan-ed-Dar.

Venu en voiture, il se contenta de se promener dans la cour du baraquement et s'en alla après quelques minutes, sans visiter les cellules et sans vouloir entendre un seul disciplinaire. Car, les cellules étant ouvertes, un prisonnier s'avança et voulut parler au général.

— Je ne suis pas là pour vous écouter ! trancha celui-ci.

Il se borna, — et ce fut là toute son enquête, — à pénétrer dans la cuisine et à demander au cuisinier :

— Que prépares-tu là ?

— Du macaroni, mon général.

— Avec ou sans fromage ?... s'enquit-il.

— Sans fromage, mon général.

— Bon !

Et le général, satisfait, se hâta, hors du camp des disciplinaires, vers le cercle de la Redoute, où l'attendait un apéritif d'honneur...

XXII

POUR SUPPRIMER LES BAGNES MILITAIRES

Pourquoi, dans la répression des délits et des crimes, deux poids et deux mesures, c'est-à-dire deux justices : l'une, militaire, l'autre, civile, et non une même loi, — unique, égale, pour tous ?...

C'est une monstruosité dans la façon de rendre la justice, qui a donné naissance à cette autre monstruosité dans la manière d'appliquer la peine, que sont les pénitenciers militaires.

Et qu'attend-on pour déférer à un des vœux les plus ardents de la Démocratie : la rentrée de l'armée dans le droit commun ?

Ce serait la fin des pénitenciers militaires.

Car, plus de conseils de discipline, plus de conseils de guerre. Plus de ces juridictions d'exception, qui sont les pourvoyeuses des établissements pénitentiaires, où elles jettent, pêle-mêle, condamnés à la prison ou condamnés aux travaux publics, faisant de tous ces soldats, indistinctement, des pégriots pour qui l'expiation est la même.

Combien, pourtant, parmi les damnés de ces enfers, dont l'action, qui leur a été imputée à délit ou à crime, par la juridiction militaire, n'eût même pas entraîné leur comparution devant la justice civile ?

N'est-ce pas, par exemple, par un excès de pouvoir scandaleux et une illégalité flagrante, que j'aie pu trouver, là, des soldats condamnés à une simple peine de prison, si elle était supérieure à un an ? Et pour quelles peccadilles, parfois : refus de manœuvrer à l'exercice ou de se rendre à la salle de police !...

C'était aussi prodigieusement abusif qu'eût été le fait d'envoyer au bagne un délinquant condamné par un tribunal correctionnel.

Et cet abus de pouvoir — qui, paraît-il, va disparaître — avait pris naissance dans un décret-loi de 1856. Pendant plus d'un demi-siècle, combien il aura fait de victimes !...

C'est pourquoi, si l'on veut vraiment l'abolition des bagnes militaires, il faut supprimer, en temps de paix, les conseils de guerre.

Seule, leur suppression mettra fin au régime des deux justices, et au système des deux poids et deux mesures. Ainsi, on fera disparaître cette anomalie monstrueuse qui, pour un même délit ou un même crime, crée deux classes de prévenus.

*
* *

Actuellement, tous les hommes paient l'impôt du sang : l'armée, c'est la nation tout entière, transformée en force de défense. Et, plus que jamais, se réalise le mot de Napoléon Iᵉʳ : « Derrière le soldat, il y a le citoyen », — un citoyen qui a droit aux mêmes garanties de justice que tous.

C'est pourquoi, dès 1909, mon si regretté et grand ami, Labori, — un simple républicain, mais au noble souci de la justice — défendait devant la Chambre, avec sa belle et fougueuse éloquence, un projet de réorganisation de la justice militaire — projet auquel j'avais apporté ma modeste collaboration.

Il s'agissait de remettre à la juridiction ordinaire tous les crimes et délits de droit commun dont se rendent coupables les hommes qui portent l'uniforme. Et les condamnés à la prison auraient à subir, désormais, leur peine dans les établissements civils, — où ils formeraient une catégorie à part.

Seul un « résidu » d'infractions, nettement déterminées, de caractère essentiellement militaire, et qui ne constitue, d'après la statistique, qu'une infime partie des infractions actuellement déférées aux conseils de guerre, — abandon de poste, insubordination, désertion, voies de fait, outrages, rébellion — serait jugé par une chambre spécialement formée dans certaines cours d'appel, et composée de quatre magistrats et de trois officiers. Ces sept juges délibéreraient ensemble, tant sur la culpabilité du prévenu que sur l'application de la peine.

Mais, comme ces infractions militaires n'étaient pas prévues dans le Code pénal, un livre V était ajouté aux quatre livres de ce Code. Il édictait les pénalités encourues, — tout en les atténuant.

Car le Code de justice militaire laisse subsister des peines hors de proportion avec les fautes commises. On dirait, à en lire les prescriptions, qu'il a été écrit avec du sang. Presque à chaque ligne éclatent ces trois mots qui apparaissent d'un rouge sinistre : « Peine de mort » !...

Et puis, les conseils de guerre n'ont jamais examiné les circonstances du fait qu'ils avaient à juger, ni les mobiles qui avaient poussé à agir le prévenu. Ils constatent, simplement, que le crime ou le délit a été commis et, impitoyablement, font, dans toute sa rigueur, l'application d'une loi féroce. Ainsi se forme le contingent dirigé sur les établissements pénitentiaires militaires.

C'est la guillotine sèche. Les juges sont mués en bourreaux... Leurs jugements sont des exécutions, et ils ne peuvent être tenus pour valables... Il est donc, de toute humanité, comme de toute justice, de les reviser...

Le projet Labori — que la Chambre accueillit de son vote demeuré platonique, et qui est à reprendre — instituait une juridiction à la fois militaire et civile, établie sur des bases plus justes et plus démocratiques.

C'est à cet organisme de demain qu'il appartient de procéder à la révision — que ce livre a démontrée nécessaire — des jugements rendus par les conseils de guerre, dans ces dix dernières années...

Parbleu ! combien de pénitentiaires — pour ne parler que de ceux-là — ont comparu devant les juges militaires et ont écopé d'années et d'années de supplément, les uns parce que démoralisés, et pour changer d'air ; les autres parce que torturés, et pour changer d'enfer ; d'autres, enfin, parce que provoqués par les chaouchs !...

*
* *

Enfin, ce livre sur les bagnes militaires, comporte une autre conclusion, — c'est-à-dire une autre mesure.

L'inscription, sur le livret militaire, du passage d'un homme dans les pénitenciers et autres geôles de répression disciplinaire, fait de cet homme un paria condamné en quelque sorte au chômage forcé à perpétuité.

Et, ce livret, le disciplinaire libéré le traînera toute sa vie, comme un boulet. Eh ! oui, une fois échappé à l'enfer militaire, son calvaire social commence, — et se poursuit sans fin.

Un exemple, — et je le choisis à dessein, aussi reculé en date que possible, parce que plus suggestif. Le 8 mai 1896, un jeune Parisien, Desmaisons, engagé volontaire au 142ᵉ d'infanterie à Montpellier, était envoyé aux compagnies de discipline, pour avoir, à la suite d'une condamnation à la prison, motivée par une absence illégale, refusé en termes irrévérencieux d'obéir à un gradé.

Libéré des bagnes militaires, où il était demeuré six ans, il fut renvoyé pour finir son service au 86ᵉ d'infanterie. Rendu à la vie civile, la tare imbécile d'une punition nullement déshonorante lui ferme la porte de toutes les administrations, de toutes les compagnies, de toutes les sociétés, où il pouvait espérer vivre de son travail, dans la sécurité du lendemain.

— Eh quoi, ces hommes-là ne sont pas intéressants !... prononceront d'aucuns.

Pas intéressants ?... Qu'on en juge par cette lettre adressée à la mère de Desmaisons par son capitaine, — et qui honore grandement cet officier :

« Le Puy, 11 avril 1903.

« Madame, votre fils va vous rejoindre incessamment. Il vient
« d'obtenir un congé de deux mois, et son plus grand désir est de
« se mettre courageusement au travail. Son service militaire est
« achevé. Il peut se dévouer entièrement à vous.

« Avant de le quitter, je tiens à vous dire qu'il a conquis toute
« mon estime. Il a payé durement une faute contre la discipline,
« faute pour laquelle les règlements militaires n'admettent jamais
« d'excuse, je veux dire le refus d'obéissance. Mais son honneur
« est toujours resté intact, et c'est le principal. Il a conquis mon
« estime pour ne pas s'être laissé aller au découragement, pour
« avoir racheté le passé par une conduite exemplaire et être devenu
« ainsi le soldat le plus dévoué et le meilleur de ma compagnie.

« Je lui souhaite, donc, de tout mon cœur, de trouver bientôt
« une situation qui lui permettra de gagner honorablement sa vie
« et de vous venir en aide. Pour moi, il ne peut que réussir. Votre
« fils est un travailleur et aussi un garçon plein de cœur.

« Veuillez agréer, madame, avec mes bons souhaits d'un
« avenir meilleur pour vous et les vôtres, l'assurance de mes
« sentiments les plus distingués.

« BERNARD, capitaine au 86ᵉ d'infanterie. »

Hélas ! contrairement au vœu si humain du capitaine Bernard, l'ex-disciplinaire Desmaisons n'a pu envisager l'avenir avec assurance. Et quand, quelque dix ans après sa libération, il est venu me trouver — il vivotait, maigrement, lui et les siens, d'une besogne ingrate et précaire.

— Pour tous les emplois que je pourrais tenir en y gagnant assez bien ma vie, se désespérait-il, on ne veut pas de moi, à cause de mon livret militaire !...

Et combien sont-ils, dans son cas, qui traînent lamentablement, sur les grandes routes du vagabondage et de la misère, une existence désormais brisée ?...

Pourtant, sur le casier judiciaire des souteneurs, des escarpes et des financiers véreux, après quelques années, on passe le coup d'éponge.

Et si, autrefois, on marquait le forçat au fer rouge, il pouvait du moins, une fois sorti du bagne, vivre de son labeur. Car on ne l'obligeait pas, là où il se présentait, à mettre à nu son épaule.

Aujourd'hui, on met l'ancien pénitentiaire, même s'il n'a pas failli à l'honneur, au-dessous du gibier de correctionnelle et des criminels de droit commun.

Des mesures immédiates doivent être prises pour que leur livret n'empêche pas les libérés des bagnes militaires de gagner leur pain.

La haine naît de la haine. Se montrer sans entrailles pour ces hommes, rentrés dans la vie normale, et les condamner en quelque sorte à mourir de faim, n'est-ce pas les dresser contre la société, qui, déjà, les a longuement et si cruellement meurtris ?...

*

* *

Donc, — et ça fera sa grandeur, — que le Parlement, d'un grand geste de bonté, balaye toutes ces iniquités, toutes ces turpitudes, toutes ces infamies !...

Vers lui se tendent, suppliantes, les mains de toutes les mères dont les fils gémissent, là-bas, dans les solitudes africaines... Vers lui montent les lamentations douloureuses des victimes...

Et puis, la question est double : car, si la simple humanité commande la suppression radicale des bagnes militaires, l'honneur national l'exige non moins impérieusement. La France est la seule nation où se soient conservés ces vestiges honteux d'un passé mort.

Le débat que le pays réclame et attend avec angoisse, le débat d'où jaillira la vraie réforme qui débarrassera l'armée de la plaie hideuse qui la souille, — ce débat, il le faut loyal, sincère et large.

Il n'appartient à personne de l'étouffer... Tôt ou tard, il surgira.

Et un gouvernement ou une assemblée parlementaire, qui essaierait de le reculer ou de le restreindre, se diminuerait devant la démocratie, — devant le monde civilisé...

3639-6-25. — Imp. Henry Maillet, 3, rue de Châtillon, Paris.